BLED

cahier d'activités CM1

Grammaire

Orthographe

Conjugaison

Édouard BLED
Directeur honoraire de collège à Paris

Odette BLED
Institutrice honoraire à Paris

Nouvelle édition 2008
assurée par **Daniel BERLION**
Inspecteur d'académie

HACHETTE
Éducation

Sommaire

Responsable de projet : Valérie Dumur
Création de la maquette de couverture : Laurent Carré
Création de la maquette intérieure : Typo-Virgule
Réalisation PAO : SG Production

ISBN : 978-2-01-117420-8
© Hachette livre 2008, 43 quai de Grenelle, 75905 Paris cedex 15

www.hachette.education.com

Pour Hachette Éducation, le principe est d'utiliser des papiers composés de fibres naturelles, renouvelables, recyclables, fabriquées à partir de bois issus de forêts qui adoptent un système d'aménagement durable. En outre, Hachette Éducation attend de ses fournisseurs de papier qu'ils s'inscrivent dans une démarche de certification environnementale reconnue.

1re Leçon : Les différents types de phrases – La ponctuation

1 Recopie ces phrases en plaçant les majuscules, les virgules et les points.

si tu fais un six tu pourras avancer ton pion de six cases

....

au printemps les champs et les prés se couvrent de fleurs

....

quand un inconnu frappe à la porte Doggy le chien de garde aboie

....

2 Place un point d'interrogation ou d'exclamation à la fin de chaque phrase.

Seriez-vous capable de prendre une couleuvre à pleine main

Surtout, ne me racontez pas la fin de l'histoire, je veux avoir la surprise

Ce vêtement te protègera-t-il du froid et du vent

As-tu déjà aperçu un vol de flamants roses

Les vacances débutent demain ; quelle chance

3 Indique le type de chaque phrase comme dans l'exemple.

Les cerisiers sont-ils en fleurs au mois d'avril ? *Phrase interrogative*

Le téléphone n'arrête pas de sonner. ....

Surmonteras-tu ta déception ? ....

Le *Mémory*, c'est un jeu passionnant ! ....

Surtout, ne touche pas les fils électriques. ....

4 Recopie ces phrases en plaçant les majuscules, les points-virgules et les points.

les policiers ont poursuivi un voleur ils l'ont arrêté avant qu'il puisse se cacher

....

le corbeau laissa tomber son fromage le renard s'en saisit aussitôt

....

ces enfants consomment trop de frites ils devraient plutôt manger des fruits

....

je reconnais la musique de ce film la radio l'a diffusée de nombreuses fois

....

Dictée préparée (67 mots) : Le jeu de Scrabble

Julien et ses amis jouent au **Scrabble**. Julien combine ses lettres dans tous les sens ; il cherche un grand mot, mais il n'en trouve pas. Ses amis **s'impatientent** : « Joue ! » Finalement, Julien se contente de placer trois lettres à la suite du mot « chant » : O-N-S. « Nous chantons », annonce-t-il **fièrement**. « Combien marques-tu ? » demande Louis. Avec seulement trois lettres, je fais trente points ! C'est **vraiment** un bon **score**.

2ᵉ Leçon   Les noms et les déterminants

1 **Encadre les noms de ces phrases et souligne les déterminants.**

Dans cette salle, les bruits résonnent et on n'entend plus les paroles de nos amis.

Tes traces laissées sur la neige seront bien vite effacées par le vent.

Cette séance n'a pas duré longtemps ; néanmoins, les spectateurs l'ont appréciée.

Les sacs des élèves qui vont au collège sont souvent très lourds.

2 **Classe ces noms dans le tableau.**

un avion – le désastre – l'arrosoir – la franchise – le découragement – le meuble – l'intelligence – un réveil –
l'amitié – la bouteille – la politesse – un tissu – le silence – le doigt – une salade

Noms abstraits	Noms concrets
....	....
....	....
....	....

3 **Place le déterminant démonstratif qui convient devant chaque nom.**

.... magasin .... ouvrage .... carton .... tenailles .... bijoux

.... montagne .... exploits .... habitation .... rocher .... animal

.... tableau .... entrée .... passages .... imprimante .... couverture

4 **Place un déterminant possessif qui convient devant chaque nom.**

.... sourire .... remarques .... bague .... secrets .... instruments

.... équipe .... colère .... chaussure .... pylône .... volant

.... téléphone .... provisions .... prénom .... vacances .... chance

5 **Place l'article indéfini, un ou une, devant chaque nom.**

.... paille .... générique .... histoire .... saveur .... feuille

.... cirque .... territoire .... artère .... portefeuille .... génie

.... oasis .... guitare .... grille .... repère .... douleur

6 **Complète avec des déterminants qui conviennent.**

.... ressemblance entre .... jumelles est étonnante ; tout .... monde les confond.

.... digue qui protégeait .... bas quartiers n'a pas résisté à .... poussée .... eaux.

.... jour qui passe nous rapproche .... peu plus de .... fin de .... année scolaire.

Dictée préparée (72 mots) : L'heure d'hiver

Chaque année, à la fin du mois d'octobre, la France passe à l'heure d'hiver. Tout le monde retarde sa montre d'une heure. Il paraît que nous **économisons** ainsi de **l'électricité**. En effet, les soirées sont plus courtes et nous nous couchons tôt, pas tout à fait en même temps que le soleil, mais **presque**. Mais cette heure de **sommeil** en plus, il faudra la rendre à la fin du mois de mars !

3e Leçon

Les adjectifs qualificatifs

1 **Associe à chaque groupe nominal l'adjectif qualificatif qui convient.**

une récolte de fraises •　　　　　• passionnant

un costume de clown •　　　　　• compliquées

un roman de science-fiction •　　　　　• abondante

des figures de géométrie •　　　　　• bariolé

2 **Complète chaque phrase avec un des adjectifs qualificatifs suivants.**

froide – brutal – public – étonnant – rassurantes

Les nouvelles en provenance du Mexique sont .... ; tout le monde va bien.

Les enfants jouent dans le jardin ...., près de la salle des fêtes.

Tu manges la viande .... avec des cornichons et de la moutarde.

Le coup de frein fut ...., mais le conducteur eut un réflexe ....

3 **Recopie chaque phrase en remplaçant les mots en gras par un adjectif qualificatif.**

Cet engin **pourvu d'un moteur** est reposant, surtout dans les montées !

....

Le pêcheur s'assoit au bord de l'étang sur un siège **qui se plie**.

....

Dans la salle **plongée dans l'obscurité**, on projette un film d'aventures.

....

4 **Transforme comme dans l'exemple.**

la patience des clients devant les caisses → *Devant les caisses, les clients sont patients.*

l'impartialité de l'arbitre de football 　　　　→ ....

la gratuité de la place de cinéma 　　　　→ ....

la tristesse des habitants après la tornade → ....

la fraîcheur des produits de la mer 　　　　→ ....

5 **Complète chaque phrase avec des adjectifs qualificatifs de ton choix.**

Une .... statue se dresse au centre de la place .... de la ville.

Les objets .... doivent être déposés dans des emballages ....

Le prix de ce pantalon n'est pas très .... ; vous avez fait une .... affaire.

Les dauphins sont probablement les plus .... des animaux.

Dictée préparée (65 mots) : À la bibliothèque

Le mercredi, Joris va à la **bibliothèque** municipale pour échanger ses livres. Il se dirige vers la grande salle, près de l'entrée. Pour rechercher les derniers livres du *Petit Nicolas*, son **héros** favori, il doit utiliser un **escabeau**, car les rayons sont trop hauts pour lui. Il choisit deux ouvrages qui semblent **intéressants**. Avant de sortir, il fait enregistrer les numéros de ses nouveaux livres.

4e Leçon Le complément du nom

1 **Encadre les compléments du nom de ces phrases.**

Les pompiers de la caserne ont tous entendu la sirène d'alarme.

Les invités de Simon adoreront sûrement ce gâteau au chocolat.

Les fauteuils du premier rang sont placés tout près de la fosse d'orchestre.

Le vainqueur du tournoi reçoit une coupe en cristal.

2 **Associe à chaque groupe nominal le complément du nom qui convient.**

un violent courant •   • de perles

une angoissante fin •   • de betteraves

un superbe collier •   • de broderie

d'immenses champs •   • d'air

un minutieux travail •   • de film

3 **Complète chaque phrase avec le complément du nom qui convient.**

de la classe – d'ogre – de marguerites – de mathématiques – à manger – du château – en montagne

Tous les élèves .... tentent de résoudre un exercice ....

Le mobilier .... vient d'être restauré par un ébéniste.

Après votre randonnée ...., vous avez un appétit ....

Un bouquet .... égaie la salle ....

4 **Transforme ces phrases comme dans l'exemple.**

Le congélateur de M. Thierry est en panne. → *la panne du congélateur de M. Thierry*

Les sauveteurs en mer sont courageux. → ....

La jeune comédienne est débutante. → ....

L'auteur de roman policier est célèbre. → ....

Le metteur en scène est satisfait. → ....

5 **Complète chaque phrase avec un complément du nom de ton choix.**

Enneigé, le col .... ne sera ouvert à la circulation qu'en mai.

Les virages .... doivent être abordés avec précaution.

À la fin ...., le candidat pousse un énorme soupir ....

Le gigot .... est cuit à point ; tout le monde se régale autour de la table.

Le refrain .... de cette chanson se retient très facilement.

Dictée préparée (70 mots) : Le retour des pêcheurs

La sirène du port annonce le retour d'un **chalutier**. Aussitôt, un remorqueur se dirige vers lui et l'aide à contourner la bouée qui se trouve au bout de la jetée. Un marin lance un cordage pour **amarrer** le bateau au quai. **Bientôt**, une grue munie d'un filet à mailles fines déchargera les poissons. L'armateur est content, car l'équipage a trouvé **un important banc** de **maquereaux** et la cale est pleine.

5e Leçon   Le verbe

1 **Classe ces mots dans le tableau : pour les noms, tu ajouteras un article.**

descente – descendre – foyer – danger – neiger – soupir – courir – loisir – saisir – vouloir – soir – boire – mémoire – affaire – défaire – reluire – reliure

Verbes	Noms
....	....
....	....
....	....

2 **Encadre seulement les verbes conjugués de ces phrases.**

Avant de se poser à Roissy, le pilote de l'Airbus sort le train d'atterrissage.

Quentin ne passe pas une semaine sans demander des nouvelles de son cousin.

Pour donner du goût à vos pâtes, salez-les et ajoutez de la sauce tomate.

Les jeunes enfants ne parviennent pas à prononcer les mots trop longs.

3 **Complète ces phrases avec les verbes qui conviennent.**

nettoient – mets – agissons – remues – attirent – vérifie

Pourquoi la viande et la confiture .... -elles les guêpes ?

Après la séance de peinture, les élèves .... les pinceaux et les brosses.

Avant de sauter, le parachutiste .... la solidité de son équipement.

Nous n'.................... qu'après avoir longuement réfléchi ; c'est plus prudent.

Je .... la table pendant que tu .... la salade.

4 **Écris les verbes à l'infinitif de la même famille que ces mots, comme dans l'exemple.**

correct → *corriger*   le retrait → ....   réalisable → ....
reconnaissable → ....   lisible → ....   destructeur → ....
la garantie → ....   un combat → ....   la victoire → ....
la livraison → ....   la poursuite → ....   avantageux → ....

5 **Complète ces phrases avec des verbes à l'infinitif de ton choix.**

Cette maison est à .... ; de nombreuses personnes la visitent.

Il est impossible d'.................... le haut du cerisier ; l'échelle est trop courte.

Pour .... les moustiques, on peut .... une coupelle de citronnelle.

Il ne faut pas .... de .... l'enveloppe avant de la ....

Dictée préparée (68 mots) : La console

Pour son neuvième **anniversaire**, les parents de Florian lui offrent la console de jeux dont il rêve depuis **longtemps**. Il veut tout de suite l'essayer et il choisit un jeu dont son ami Arthur lui a parlé. C'est à peine si Florian lève la tête quand ses parents l'appellent pour manger. Voyant cela, maman lui fait **promettre** qu'il ne saisira pas sa **manette** avant d'avoir fini ses devoirs.

6e Leçon

Le groupe sujet et le groupe verbal

1 **Encadre les groupes sujets de ces phrases.**

L'œil averti d'un bon maçon remarquera toujours les défauts de construction.

Les portes de l'écluse s'ouvrent pour laisser passer les péniches.

La profondeur du bassin permet aux plongeurs de s'élancer du tremplin le plus haut.

Pour arroser les jardins, les eaux de pluie sont recueillies dans d'immenses réservoirs.

Qui osera affronter ce redoutable catcheur en combat singulier ?

2 **Encadre les groupes verbaux de ces phrases. Attention ! Ils peuvent être en deux parties.**

À l'issue d'une finale disputée, le vainqueur accède à la plus haute marche du podium.

Les caravaniers se désaltèrent et prennent un peu de repos à l'ombre des palmiers.

Un passant renseigne les touristes égarés dans les ruelles de la vieille ville.

Après l'avalanche, les pisteurs de la station recherchent d'éventuelles victimes.

Pour étaler la pâte à tarte, on doit se munir d'un rouleau à pâtisserie.

3 **Associe chaque groupe sujet avec le groupe verbal qui convient.**

Les techniciens du centre spatial •   • polluent l'atmosphère de nos villes.

Un conducteur prudent •   • sont désormais fabriqués en Chine.

La plupart des vêtements •   • atténuent la violence des rayons du soleil.

Les gaz d'échappement des véhicules •   • rectifient la trajectoire de la fusée.

Ces lunettes aux verres filtrants •   • freine dans les virages et dans les descentes.

4 **Complète chaque phrase avec un groupe sujet de ton choix.**

.... se souviennent des moments heureux de leur jeunesse.

À cause du brouillard, ... débute avec vingt minutes de retard.

Dans l'Antiquité, ... possédaient des esclaves.

.... dispose quelques brins de persil sur le poisson cuit à l'étouffée.

Où as-................. rangé ton baladeur ? .... est introuvable !

5 **Complète chaque phrase avec un groupe verbal de ton choix.**

Les branches du pommier ....

De nombreuses îles du Pacifique ....

Les champs de lavande ....

Les jeux vidéo ....

Dictée préparée (63 mots) : Le Tour de France

Cette année, le Tour de France passe près de chez nous. La caravane **publicitaire** attire les enfants et nous l'attendons avec **impatience**, car certains passagers jettent des casquettes. Quand les premiers coureurs arrivent, les spectateurs les **applaudissent**. Je recherche toujours, au milieu du peloton, le coureur qui porte le maillot jaune. Même si certains coureurs **attardés** roulent plus lentement, tous semblent bien fatigués.

7ᵉ Leçon — Le complément d'objet direct

1 **Encadre les groupes compléments d'objet directs de ces phrases.**

Un petit avion de tourisme permet le décollage du planeur dépourvu de moteur.

Ce collectionneur possède quelques lampes à pétrole de grande valeur.

Les pigeons voyageurs parcourent de très longues distances.

2 **Complète chaque phrase avec le complément d'objet direct qui convient.**

une histoire – les coureurs – ses petits-enfants – le château fort – la route

Tout au long du parcours, les spectateurs encouragent ....

Quand il raconte ...., le grand-père captive ....

Surpris, M. Guillot s'est arrêté, car un tronc d'arbre barrait ....

Les chevaliers défendaient .... en jetant des pierres sur les assaillants.

3 **Transforme ces phrases pour supprimer les répétitions et encadre les COD.**

Comme le robinet était rouillé, le plombier a remplacé le robinet.

Comme le robinet était rouillé, le plombier [l]*'a remplacé.*

Lionel adore le pain pas trop cuit ; Aurélien préfère le pain craquant.

....

Comme les fleurs se fanent, je retire les fleurs de leur vase.

....

Cette poésie est longue, mais j'apprends la poésie par cœur.

....

4 **Complète chaque phrase avec un complément d'objet direct de ton choix.**

Avant de sortir, tu fermeras .... à clé.

Les employés de la mairie installent .... dans la cour de récréation.

Les enfants de l'école maternelle se donnent .... et forment ....

Pour que son cheval lui obéisse, le cavalier tient fermement ....

5 **Réponds à chaque question en employant un complément d'objet direct de ton choix.**

Que ranges-tu sur les étagères ? Je range **mes** **livres** *sur les étagères.*

Que transporte cet énorme camion ? ....

Quel document les élèves consulteront-ils sur Internet ?

....

Dictée préparée (66 mots) : Le carnaval de Nice

Julie attend avec **impatience** le défilé du carnaval. Elle a acheté un grand sac **de confettis** et elle les jette sur ses voisins qui répliquent avec **des serpentins**. Mais voici que s'avancent les chars décorés. Des jongleurs les **précèdent**, suivis des grosses têtes qui s'inclinent devant les spectateurs, un peu surpris. Le roi du carnaval **trône** sur le dernier char ; cette année, c'est un chat !

8ᵉ Leçon — Le complément d'objet indirect

1 Encadre les compléments d'objet indirects de ces phrases.

Toute la classe assiste à une séance de marionnettes.

Ce jeune chiot échappe à la surveillance de son maître.

Laetitia s'engage à nous accompagner jusqu'au bord du canal.

Pauline parlera-t-elle de ses petits ennuis à son amie Violaine ?

2 Encadre les compléments d'objet indirects et souligne les compléments d'objet directs.

Adrien compare ses chaussures de foot à celles de Rachid.

Les travaux obligent tous les conducteurs à faire un détour.

Les magiciens ne révèlent leurs secrets à personne.

Mme Rainaud ajoute toujours une goutte de lait à son thé.

3 Complète chaque phrase avec le complément d'objet indirect qui convient.

son exercice – de prudence – d'une accalmie – de rire

Comme la mer est déchaînée, les marins redoublent ....

L'histoire est si drôle que Jordan éclate ....

Le jardinier profite .... pour bêcher les plates-bandes.

Maelle réussit à terminer .... avant les autres.

4 Transforme ces phrases pour supprimer les répétitions et encadre les COI.

Les joueurs sont attentifs, car l'entraîneur explique aux joueurs ce qu'ils doivent faire.

*Les joueurs sont attentifs, car l'entraîneur **leur** explique ce qu'ils doivent faire.*

Le charpentier a embauché un apprenti et il donne des conseils à son apprenti.

....

Les cygnes s'approchent du bord ; Laura jette du pain aux cygnes.

....

La caissière fait le total des achats de la cliente et elle tend la note à la cliente.

....

5 Complète chaque phrase avec un complément d'objet indirect de ton choix.

Pour bien découper ces images, il suffit ....

Tous ces chanteurs débutants ont plu ....

La terre tremble, les spécialistes s'attendent ....

Dictée préparée (72 mots) : Un gala de danse

Ce soir, Mélanie va assister à un gala de danse. Arrivée devant la personne qui attribue les places, elle lui présente le billet qu'elle a acheté la semaine dernière. Elle se dirige ensuite vers les premiers rangs et elle **s'assoit**. Comme la troupe tarde à entrer en **scène**, Mélanie demande à sa voisine si **elle connaît** le nom de la danseuse étoile. Mais le rideau se lève et le **silence** se fait.

9e Leçon Les compléments circonstanciels

1 **Encadre les compléments circonstanciels de ces phrases.**

Les deux joueurs de tennis renvoient la balle à une vitesse étonnante.

Les cerfs-volants aux longues queues tournoient au-dessus de la plage.

La réparation terminée, le mécanicien s'accorde une pause bien méritée.

Le soir venu, les animaux de la savane s'approchent du fleuve.

2 **Recopie ces phrases en déplaçant les compléments circonstanciels.**

À l'arrivée du cross de l'école, beaucoup de concurrents sont épuisés.

....

Le trappeur vit isolé une grande partie de l'année.

....

Au marché forain, on fait parfois d'excellentes affaires.

....

3 **Complète chaque phrase avec un complément circonstanciel de temps.**

Le concert donné par l'orchestre du collège de mon frère débutera ....

Bien fermés, ces bocaux de cornichons se conserveront ....

...., les bolides s'élancent sur le circuit de Monaco.

...., le malade se remet lentement.

...., les principales rues de la ville sont illuminées.

4 **Complète chaque phrase avec un complément circonstanciel de lieu.**

Ces tomates et ces aubergines sont cultivées ....

Le cirque a monté son chapiteau ....

L'eau de pluie s'écoule ....

Le randonneur s'est égaré ....

Ce souterrain s'enfonce ....

5 **Complète chaque phrase avec un complément circonstanciel de manière.**

L'astronome observe les étoiles ....

Une coulée de lave dévale les flancs du volcan ....

La montgolfière se pose .... au milieu du pré.

Sur la plaque chauffante, le pot-au-feu mijote ....

Dictée préparée (71 mots) : En colonie de vacances

Cet été, Damien est parti en colonie de vacances. Avec ses camarades, il a pris le car pour aller au bord de la mer. Pendant trois semaines, ils ont dormi sous une grande tente. Les **moniteurs** ont été très gentils et leur ont proposé de nombreuses **activités**. Damien a appris à rester en **équilibre** sur une planche à voile. Tout s'est bien passé, mais Damien a retrouvé sa famille avec joie.

10e

Leçon

Les propositions

1 **Encadre les propositions subordonnées et souligne les propositions principales.**

En attendant que le feu passe au vert, les conducteurs patientent calmement.

Tandis que les machinistes changent le décor, les comédiens se reposent dans les coulisses.

Je regarderai demain l'émission que j'ai enregistrée hier après-midi.

La chaîne de ce vélo grince parce qu'on a oublié de la graisser.

2 **Complète chaque phrase avec un pronom relatif qui convient.**

Manuel préfère les histoires .... les héros vivent des aventures extraordinaires.

Les cageots de fruits .... s'empilent devant la coopérative seront chargés dans un camion.

Les images .... tu colles sur ton album représentent les différents épisodes de ton feuilleton.

M. Germain n'indiquera à personne les lieux .... il trouve ces magnifiques cèpes.

3 **Associe chaque proposition principale avec une proposition subordonnée conjonctive pour former une phrase.**

La moindre des politesses exige •   • lorsque sonne la fin de la récréation.

Tom recharge la batterie de sa console •   • pour qu'il soit servi à la bonne température.

Julia sort le dessert du réfrigérateur •   • que l'on cède sa place aux personnes âgées.

Tous les élèves se mettent en rang •   • puisqu'elle est vide depuis un moment.

4 **Remplace chaque groupe en gras par une proposition subordonnée relative.**

Le magasin **de meubles** propose d'importantes réductions sur de nombreux articles.

....

Un garage **spécialisé dans la réparation de motos** ouvre ses portes à la sortie de la ville.

....

Il n'y a plus un seul parasol de libre sur la plage **envahie par les vacanciers**.

....

5 **Remplace chaque groupe en gras par une proposition subordonnée conjonctive.**

Tout le monde reconnaît **la nécessité d'économiser l'énergie**.

....

Ces feux clignotants signalent **la panne d'un poids lourd sur l'autoroute**.

....

Les vignerons redoutent **l'arrivée de l'orage avant le début des vendanges**.

....

Dictée préparée (65 mots) : Au supermarché

Dans ce supermarché, le client choisit en toute **tranquillité**. Les articles qui sont placés bien en **évidence** ne sont pas toujours les meilleurs ; le client compare les prix et profite des **promotions**. Quand **son chariot** est plein, il se dirige vers la caisse où il attend son tour, **sans hâte**. Il place ses achats sur le tapis et règle sa note avec sa carte bancaire.

11ᵉ Leçon   Les adverbes

1 Complète chaque phrase avec un des adverbes de temps suivants.

longtemps – souvent – autrefois – tard

............................, tous les enfants n'allaient pas à l'école.

Il ne faut jamais s'exposer .... au soleil sans se protéger la peau.

Il est .... et les rues sont éclairées par de puissants lampadaires.

Un bon musicien s'exerce .... ; on dit qu'il fait des gammes.

2 Écris ces adjectifs au féminin, puis donne l'adverbe correspondant.

net → .... → ....   brutal → .... → ....

actif → .... → ....   doux → .... → ....

3 Complète chaque phrase avec un des adverbes de manière suivants.

lentement – copieusement – vite – aimablement

En partance pour la Corse, l'autocar avance .... jusqu'au ferry-boat.

La vendeuse renseigne .... les clients.

La purée est délicieuse ; Sylvain se sert ....

Lorsqu'on roule trop ...., on risque une amende ou un accident.

4 Recopie chaque phrase en remplaçant les mots en gras par l'adverbe correspondant.

Ces artisans travaillent **avec sérieux** ; on peut leur faire confiance.

....

Les coupables des dégâts ont été punis **avec sévérité**.

....

Avant de partir, les marins écoutent **avec attention** le bulletin météo.

....

5 Complète chaque phrase avec les deux mots proposés. Attention aux accords.

aboiement – brusquement

Les .... du chien nous ont réveillés ....

éboulement – subitement

Des .... de terrain ont .... enseveli quelques maisons.

récemment – logement

Des .... pour les sans-logis ont été construits ....

Dictée préparée (69 mots) : Le choix d'un métier

Maxime, le frère de Jennifer, doit bientôt choisir un métier. Son père voudrait qu'il apprenne la **comptabilité**, car il pense que **les employés** gagnent bien leur vie. Maxime préférerait être maçon, car il envie les ouvriers qui sont toujours en plein air. Comme le conseil de classe n'a pas encore donné son avis, il faudra attendre un peu pour savoir si des places sont encore disponibles au **lycée professionnel**.

12ᵉ
Leçon
Le genre des noms

1 **Place un article,** un **ou** une, **devant chaque nom.**

.... fromage	.... vitrine	.... rayure	.... veste
.... mètre	.... kermesse	.... regard	.... écureuil
.... difficulté	.... étincelle	.... photo	.... part
.... contact	.... résultat	.... écrivain	.... vélo

2 **Écris le nom féminin correspondant à chaque nom masculin.**

un tigre : ....   un acteur : ....   l'inspecteur : ....

un passager : ....   un paysan : ....   le concurrent : ....

un joueur : ....   un cavalier : ....   le collégien : ....

un caissier : ....   un électeur : ....   le surveillant : ....

un fermier : ....   un écuyer : ....   l'infirmier : ....

3 **Place un article,** un **ou** une, **devant chaque nom. Tu peux consulter un dictionnaire.**

.... autoroute	.... oasis	.... gaufre	.... élastique
.... pétale	.... rail	.... agrafe	.... antilope
.... pédale	.... boutique	.... automate	.... vis
.... éclair	.... impasse	.... intervalle	.... abîme

4 **Recopie les phrases en remplaçant les noms masculins en gras par les noms féminins correspondants.**

Le **gardien** assure le nettoyage des escaliers de l'immeuble.

....

Le jeune **skieur** suit les nombreux conseils du **moniteur**.

....

Le **couturier** présente sa nouvelle collection de vêtements.

....

5 **Écris le nom féminin correspondant à chaque nom masculin. Tu peux utiliser un dictionnaire.**

un roi : ....   un prince : ....   un oncle : ....

un coq : ....   un jumeau : ....   un dindon : ....

un loup : ....   un père : ....   un voyageur : ....

un canard : ....   un bouc : ....   un copain : ....

Dictée préparée (64 mots) : Une future championne

Mélissa **s'entraîne** tous les jours pour devenir une vraie championne. Le matin, elle se rend en classe, comme toutes les écolières, et l'après-midi, **elle effectue** des longueurs de bassin : **la piscine, elle la connaît** par cœur. De temps en temps, elle participe à des compétitions. Elle réalise souvent **de bonnes performances** et la maître nageuse qui la conseille est fière des progrès accomplis.

13e Leçon Le pluriel des noms

1 **Écris les articles et les noms au pluriel.**

un jouet : ....

le sapin : ....

le goût : ....

un vélo : ....

la tarte : ....

un ennui : ....

un foulard : ....

la fourrure : ....

la soucoupe : ....

un produit : ....

le malheur : ....

une année : ....

2 **Écris les déterminants et les noms au pluriel.**

ce souvenir : ....

leur pneu : ....

ma joue : ....

votre neveu : ....

mon album : ....

ton cerceau : ....

ce métal : ....

cet oiseau : ....

ta serviette : ....

cette journée : ....

quel travail ! : ....

son cheveu : ....

3 **Recopie ce texte en écrivant les noms en gras au pluriel.**

Mme Ricol soigne son **jardin**. Elle taille le **rosier**, arrache l'**herbe** de l'**allée**. Sa fille l'aide et arrose le **poireau** et le **chou**. Bientôt, elle pourra cueillir une **marguerite**, un **œillet** ou une **pivoine**.

....

....

....

....

4 **Écris le singulier de ces noms. Tu peux utiliser un dictionnaire.**

des radis : ....

des paris : ....

des avis : ....

des soucis : ....

des convois : ....

des emplois : ....

des chamois : ....

des poids : ....

des progrès : ....

des palais : ....

des quais : ....

des propos : ....

5 **Complète ces phrases avec les noms suivants que tu écriras au pluriel.**

détail – travail – cheval – œil – vitrail – ouvrier – véhicule – herbe

De près, on distingue mieux les .... des .... de la cathédrale.

Les .... galopent en liberté dans les hautes .... de la Camargue.

Quand les .... sont urgents, les .... quittent l'usine tardivement.

Comme tu as le soleil dans les ...., tu ne vois pas arriver les ....

Dictée préparée (66 mots) : Au zoo

Dès la fin juin, le zoo est ouvert. Les enfants sont nombreux à admirer les animaux **de tous les continents** : le spectacle des otaries, **le manège** des perroquets, la démonstration de force tranquille des éléphants. Cependant, ce sont les singes qui ont **le plus de succès**, car ils vivent sur de petites îles où ils font des grimaces et où ils jouent avec de petits cailloux.

L'accord des adjectifs qualificatifs

1 **Complète chaque phrase avec l'adjectif qualificatif qui convient.**

adroit – adroite　　Le jongleur est .... ; il rattrape les huit balles.

attentifs – attentives　　L'histoire est passionnante ; tous les enfants sont ....

ouvert – ouverte　　Il y a un courant d'air parce que tu as laissé la fenêtre ....

éternels – éternelles　　Le mont Blanc est couvert par des neiges ....

2 **Complète chaque nom avec l'adjectif proposé. Fais les accords.**

régulier　　une écriture ....　　*moyen*　　une température ....

principal　　la rue ....　　*neuf*　　des chaussures ....

vrai　　une histoire ....　　*exact*　　des réponses ....

joyeux　　des fêtes ....　　*original*　　une idée ....

3 **Remplace le nom en gras par le nom en italique. Fais les accords.**

chienne　　Sidonie a adopté un **chien** craintif et affectueux.

....

chemises　　Les **maillots**, lavés et repassés, sont rangés dans l'armoire.

....

garçons　　Dans notre classe, les **filles** sont nombreuses et travailleuses.

....

4 **Complète ces phrases avec les adjectifs suivants que tu accorderas.**

tropical – étranger – grave – industriel – régional – bienvenu – impartial – mûr – nouveau

J'apprécie les fruits .... quand ils sont bien ....

Une .... usine s'installe dans la zone ....

Chaque soir, nous regardons les informations ....

Dans quelques pays ...., les touristes ne sont pas les ....

Dans les situations ...., les arbitres doivent être ....

5 **Complète ces phrases avec des adjectifs qualificatifs de ton choix que tu accorderas.**

Les trottoirs sont ...., marchez en faisant de .... pas.

Myriam n'est pas .... ; elle n'a pas gagné le .... lot.

Au fond d'une .... malle, j'ai retrouvé les .... cahiers de ma mère.

Les .... fauves sont souvent des animaux ....

Dictée préparée (67 mots) : L'hiver

Des heures entières, de gros flocons tombent dans les rues silencieuses sur un sol gelé. Une épaisse couche de neige recouvre les étroits trottoirs. Les arbres dénudés **du parc municipal** ressemblent à **de maigres épouvantails**. De rares véhicules se risquent sur la chaussée glissante ; ils roulent lentement et évitent de freiner brutalement. Les habitants restent enfermés et attendent, bien au chaud, des jours meilleurs : c'est l'hiver !

15ᵉ Leçon — Les accords dans le groupe nominal

1 **Relie ces mots pour former des groupes nominaux.**

des •   • numéro •   • de haricots •   • gagnant

une •   • boîtes •   • au chocolat •   • libre

des •   • place •   • de loterie •   • appétissants

un •   • desserts •   • de parking •   • verts

2 **Écris les noms en gras au pluriel et fais les accords.**

un **ami** de longue date, fidèle et discret : ....

une vaste **salle** de sport réservée aux scolaires : ....

une belle **journée** de printemps, bien ensoleillée : ....

un appétissant **fromage** de chèvre, pas trop sec : ....

3 **Transforme ces expressions comme dans l'exemple.**

s'allonger sur une plage sablonneuse : s'allonger sur une plage de sable

payer son voyage avec la monnaie européenne : ....

écouter attentivement le discours présidentiel : ....

encourager l'équipe italienne : ....

profiter des vacances estivales : ....

4 **Transforme ces expressions comme dans l'exemple.**

consommer des produits de la nature : consommer des produits naturels

trouver les repas **de famille** un peu longs : ....

visiter un studio **de luxe** entièrement meublé : ....

avoir toujours une attitude **de prudence** : ....

distinguer une minuscule île **au lointain** : ....

5 **Recopie chaque phrase en remplaçant les mots en gras par un adjectif qualificatif. Fais les accords.**

Des personnes **que nous ne connaissons pas** s'installent au premier étage.

....

À la bibliothèque, Aline a lu des histoires **qui l'ont passionnée**.

....

Un drapeau **de trois couleurs** flotte en haut du mât.

....

Dictée préparée (70 mots) : La marée noire

Un pétrolier géant, aux cuves remplies, **s'est échoué** sur **les côtes normandes**. Aussitôt, un liquide épais et **visqueux** a flotté à la surface de l'eau, et de grandes plaques noires ont dérivé vers les côtes. De nombreux oiseaux et des centaines de poissons sont morts à cause de **la bêtise humaine**. Les habitants des villages environnants et les enfants des écoles se sont portés volontaires pour nettoyer **les plages polluées**.

16e Leçon

L'accord des déterminants numéraux et des adjectifs de couleur

1 **Écris les nombres en lettres et accorde les noms.**

12 (erreur) : ....   32 (carte) : ....

13 (part) : ....   45 (bouée) : ....

14 (clé) : ....   51 (logement) : ....

15 (caillou) : ....   68 (carreau) : ....

2 **Complète ces phrases avec les adjectifs en italique. Fais les accords.**

rose – jaune   Quelle idée de porter des chaussures .... avec des gants .... !

mauve   J'ignore le nom de ces fleurs........................ .

bleu clair – noir   Éva a les yeux .... avec de longs cils ....

roux   L'automne est précoce, les feuilles du chêne sont déjà ....

3 **Écris les nombres en lettres et accorde les noms.**

134 (élève) : ....   1 630 (jour) : ....

670 (euro) : ....   2 410 (tuile) : ....

512 (ligne) : ....   3 000 (spectateur) : ....

350 (passager) : ....   4 808 (mètre) : ....

4 **Recopie chaque phrase en écrivant le déterminant entre parenthèses en lettres.**

(365) cheminées dominent les toits du château de Chambord.

....

Les médecins ont vacciné les (580) enfants de la vallée de l'Ubaye contre la méningite.

....

La Galerie des glaces de Versailles était éclairée par plus de (1 000) bougies.

....

La bibliothèque du collège possède (2 370) livres ; la nôtre est plus modeste.

....

5 **Complète chaque phrase avec un déterminant numéral de ton choix que tu écriras en lettres.**

Un nuage d'au moins .... sauterelles s'est abattu sur les récoltes de mil.

Le 20 juillet, la piscine municipale a accueilli .... baigneurs : un record !

Mme Arnaud a commandé .... litres de fioul pour passer l'hiver.

Ce cargo géant transporte .... conteneurs de Shanghai à Marseille.

Dictée préparée (73 mots) : Les verriers de Murano

Sur l'île de Murano, à quatre kilomètres de Venise, on peut visiter des ateliers spécialisés dans **la confection** d'objets en verre. Ils sont quatre-vingt-dix **compagnons verriers** à présenter leurs productions aux touristes. On peut admirer des vases aux multiples couleurs ; certains sont bleu pâle, d'autres présentent **des rayures** rouge vif. Mais le plus étonnant, ce sont les animaux que les souffleurs parviennent à créer à partir d'une simple goutte de verre en fusion.

17e Leçon L'accord du verbe

1 **Souligne les verbes conjugués et encadre les groupes sujets.**

Le plombier prend son chalumeau et soude les tuyaux.

Les parents ne regardent pas souvent les émissions pour les enfants.

Au petit matin, le pont de la Concorde disparaît dans la brume.

De gros flocons de neige tombent sur les versants de la montagne.

2 **Lis chaque phrase, pose la question et réponds comme dans l'exemple.**

Le vent souffle fort depuis ce matin.   *Qu'est-ce qui souffle fort depuis ce matin ?* → *le vent*

À vingt heures, le journaliste nous donne les dernières informations.

....

Sur la route verglacée, un conducteur doit rester vigilant.

....

En janvier, Mme Arnoux fera peut-être une croisière sur le Nil.

....

3 **Recopie chaque phrase en écrivant le nom en gras au pluriel. Fais les accords.**

L'**aigle** qui planc au-dessus du hameau cherche une proie.

....

Avant Noël, le **rayon** des jouets attire le regard des enfants.

....

Le **jardinier** prend son sécateur et taille les rosiers.

....

4 **Complète chaque phrase en écrivant le verbe en italique au présent de l'indicatif.**

louer   Chaque été, mes parents .... un bungalow à Port-Leucate.

vouloir   Les joueurs lillois .... se qualifier pour la finale de la coupe.

fleurir   Je connais un endroit où .... des narcisses.

nager   Sur l'étang de Marzieu, ... des canards et des cygnes.

5 **Complète chaque phrase avec un verbe de ton choix conjugué au présent de l'indicatif.**

Une bonne odeur de crêpes .... les narines des invités.

Des médailles .... les trois premiers de la course.

Les gaz des pots d'échappement .... l'air de la ville.

Le lierre s'................................ aux murs de la maison abandonnée.

Dictée préparée (68 mots) : **Le grand prix de Paris**

Aujourd'hui, toute la famille est **à Auteuil, le célèbre hippodrome** parisien, pour suivre le grand prix. Au lever de **l'élastique**, les chevaux s'élancent. Ils restent un instant groupés, franchissent les obstacles et sautent la rivière. Certains d'entre eux chutent, les autres abordent la dernière ligne droite et foncent vers l'arrivée. C'est **le jockey** à la casaque jaune et rouge qui termine en vainqueur sous **les ovations** des spectateurs.

18ᵉ Leçon   le, la, l', les, lui, leur devant un verbe

1 Complète chaque phrase en écrivant le verbe en italique au présent de l'indicatif.

donner   Les musiciens sont prêts ; le chef d'orchestre leur .... le départ.

arroser   Mme René prend soin de ses plantes vertes : elle les .... souvent.

ramasser   Les pommes sont mûres ; on les .... aussitôt.

2 Complète chaque phrase avec un des verbes suivants que tu écriras au présent de l'indicatif.

aborder – porter – donner – regretter

Le berger prend soin de ses moutons ; il leur .... du fourrage.

Comme les virages sont dangereux, le conducteur les .... avec prudence.

Tu n'as pas voulu prendre ton anorak et maintenant tu le ....

Lorsqu'elles rapportent du bois, les femmes africaines le .... sur la tête.

3 Recopie chaque phrase en écrivant le nom en gras au pluriel. Fais les accords.

Quand tu auras la nouvelle adresse de ta **cousine**, tu lui écriras.

....

Ce **dessert** est encore un peu chaud, alors je le place au réfrigérateur quelques instants.

....

Comme le **volet** de la chambre est mal fermé, le vent l'arrache.

....

4 Complète chaque phrase avec un des verbes suivants que tu écriras au futur simple.

conseiller – recompter – voir – éteindre

Les premiers pas d'un homme sur Mars, vous les .... peut-être un jour.

Tu n'es pas sûr des résultats de tes opérations, tu les ....

L'incendie n'est pas très violent et les pompiers l'............................ rapidement.

Quand Charlène voudra changer ses lunettes, un opticien la ....

5 Recopie ces phrases en supprimant les répétitions.

Le facteur trie les lettres, puis il distribue **les lettres**.

....

Les élèves copient leur poésie et ils apprennent **leur poésie**.

....

Ces obstacles sont hauts, mais le cheval franchit **les obstacles** avec aisance.

....

Dictée préparée (67 mots) : Un maraîcher

Pas très loin de la cité, s'étend un grand jardin potager. En novembre, des ouvriers agricoles l'envahissent pour retourner le sol, casser **les mottes** et **répandre** de **l'engrais**. Au printemps, **le propriétaire** leur demande de semer des graines, puis de repiquer les plans qui donneront, dès le mois de juin, de magnifiques légumes. **Le maraîcher** les range alors dans **des cageots** qu'il emporte au marché de gros.

19e Leçon L'infinitif en -er ou le participe passé en -é

1 Recopie chaque phrase en remplaçant l'infinitif en gras par un des infinitifs suivants.

réfléchir – finir – découvrir

Anouk pensait **terminer** ses exercices avant ce soir.

....

Les médecins vont peut-être **trouver** un médicament contre le cancer.

....

Le maître laisse **chercher** les élèves pendant quelques instants, puis il donne la solution.

....

2 Recopie chaque phrase en remplaçant le participe passé en gras par un des participes passés suivants.

franchi – entendu – transmis

J'ai **écouté** une nouvelle chanson ; elle me plaît.

....

Nous avons **donné** le message à nos correspondants.

....

D'un bond fantastique, le cheval a **sauté** l'obstacle.

....

3 Recopie chaque phrase en remplaçant le mot en gras par celui qui convient.

attendre ou *attendu*   Je dois **surveiller** l'arrivée de mes parents.

....

inscrire ou *inscrit*   Chaque élève doit **marquer** son nom sur sa copie.

....

4 Complète chaque phrase avec l'infinitif ou le participe passé : pousser **ou** poussé.

Le voilier était .... par un vent venu de l'est.

Il a fallu .... la voiture qui était en panne.

À l'annonce des résultats, les candidats vont .... des cris de joie.

5 Complète ces phrases avec -er **ou** -é, -és, -ée, -ées.

Les pommes de terre, plong........ dans l'huile bouillante, seront frites dans une minute.

Si tu veux te lev........ tôt, tu devras te couch........ avant neuf heures.

Ces robinets sont fabriqu........ dans une usine spécialis........ des environs.

Dictée préparée (74 mots) : Un repas africain

La table, inconnue, est remplacée par le sol. Les sièges sont alors **incommodes** et personne ne songe à en utiliser un. On s'assoit en cercle. La vaisselle est représentée par un seul plat que l'on place à portée de tous. La main droite **fait office** de fourchette et on saisit **la pâte de manioc** avec les doigts. La main gauche, appuyée par terre, permet de soulager le poids du corps. On mange sans parler.

21

20ᵉ Leçon
Le participe passé employé avec l'auxiliaire être

1 **Associe chaque groupe sujet avec le groupe verbal qui convient. Souligne les participes passés.**

Le lampadaire •   • est née dans les îles du Pacifique.

Les vainqueurs du cross scolaire •   • est resté allumé toute la nuit.

Les livres de la bibliothèque •   • sont tous couverts de la même couleur.

La pratique du surf •   • sont récompensés par l'inspecteur.

2 **Complète ces phrases avec les participes passés suivants.**

chauffée – passés – brisées – habillé – transportés

L'explosion fut violente, les vitres se sont .... en mille morceaux.

Les avions sont .... au-dessus du village dans un bruit assourdissant.

Les fruits et les légumes sont .... dans des camions frigorifiques.

Chacun s'est .... chaudement, car la salle de judo n'est pas ....

3 **Écris les verbes en gras au passé composé.**

tomber dans la cour

Je ....

Lucile ....

Nous ....

Vous ....

partir de bonne heure

Tu ....

Le train ....

Vous ....

Les voyageurs ....

4 **Écris les verbes en gras au passé composé avec les différents sujets. Fais les accords.**

Comme tu **es revenu**, je **suis allé** te voir immédiatement.

Comme Roxane ...., tu ....

Comme le cirque ...., les enfants ....

Comme vous ...., vos amis ....

Comme je ...., Dimitri ....

5 **Complète chaque phrase en écrivant le verbe en italique au passé composé.**

se retourner   L'ULM .... à cause d'une rafale de vent violent.

s'envoler   Dès septembre, les hirondelles .... vers les pays chauds.

se cacher   Nous .... pour surprendre nos amis.

se perdre   Véronique .... dans le supermarché, bien trop vaste.

retourner   À la recherche de ton carnet perdu, tu .... sur tes pas.

Dictée préparée (67 mots) : Séjour en Bretagne

Avec des amis, Patrice est allé **en Bretagne** cet été. Ils sont montés **au phare de Cordouan** pour admirer le paysage et ils se sont baignés dans **une petite crique**. Patrice est parvenu à photographier des oiseaux inconnus de nos villes. Ensemble, ils se sont attablés devant **les fameuses crêpes bretonnes**. Ces vacances se sont déroulées dans d'excellentes conditions car, contrairement aux prévisions, il a fait beau !

21ᵉ Leçon

Le participe passé employé avec l'auxiliaire avoir

1 ● **Complète ces phrases avec les participes passés suivants.**

suivies – déménagé – lu – réparé – apportée

Nos voisins ont .... pour aller s'installer à Nantes.

Le bijoutier a .... la montre que je lui avais ....

J'ai bien .... les instructions et je les ai ....

2 ● **Complète chaque phrase en mettant le verbe en italique au passé composé.**

tracer   Avec un compas, vous .... plusieurs cercles.

caresser   Le cavalier .... l'encolure de sa monture.

hésiter   Nous .... avant de choisir le numéro 18.

appuyer   J'............................ sur la touche « étoile » de mon portable.

3 ● **Réponds à ces questions comme dans l'exemple.**

As-tu visité la citadelle de Belfort ?   *Oui, je l'ai visitée.*

Cynthia a-t-elle éteint la lumière ?   Non, ...

Yann a-t-il reçu le message ?   Non, ...

Laureen a-t-elle mis ses lunettes ?   Oui, ...

4 ● **Complète ces phrases avec les participes passés des verbes suivants que tu accorderas.**

pendre – donner – confectionner – répondre – obtenir – perdre

Les élèves qui ont bien .... ont .... de bonnes notes.

Nous avons .... l'adresse que tu nous avais ....

Vous avez .... des mobiles que vous avez .... au plafond.

5 ● **Recopie les phrases en supprimant les répétitions comme dans l'exemple.**

Les élèves ont emprunté les livres et ils ont lu les livres.

*Les élèves ont emprunté les livres et ils les ont **lus**.*

Maman a acheté une pizza et nous avons dégusté une pizza.

....

Nous avons enregistré l'émission et nous avons regardé l'émission.

....

Le peintre a nettoyé ses pinceaux et il a essuyé ses pinceaux.

....

Dictée préparée (73 mots) **: Molière**

Molière a vécu à la cour **du roi Louis XIV**. Il a observé la vie **des courtisans** et a dénoncé leurs défauts dans des comédies qu'il a écrites pour **divertir** le roi. Il a fait rire tous ceux qui ont assisté à ses représentations. **En récompense**, il a reçu beaucoup d'argent du roi. Jaloux de lui, certains courtisans ont voulu le chasser de la cour. Mais Louis XIV l'a protégé jusqu'à sa mort.

22ᵉ Leçon est, es, et

1 **Recopie ces phrases en écrivant les verbes en gras au présent de l'indicatif.**

Tu **étais** content des cadeaux qui t'**étaient** offerts.

....

Ce chanteur **sera** célèbre et le public l'**acclamera**.

....

La récolte de blé **sera** abondante et on ne **manquera** pas de pain !

....

2 **Complète ces phrases avec est ou et.**

La piqûre de guêpe .... douloureuse .... il vaut mieux éviter ces insectes.

Le printemps .... précoce cette année .... la végétation .... bien avancée.

La poupée .... habillée d'une robe blanche .... rose ; elle .... magnifique.

Le poulet élevé en plein air .... bien meilleur ; sa chair .... ferme.

3 **Recopie chaque phrase en écrivant le nom en gras au singulier. Fais les accords.**

Ces **plats** sont salés et poivrés ; nous allons les déguster.

....

Les **oiseaux** sont surpris par le chat et ils s'envolent.

....

Les **randonneurs** se sont égarés et ils cherchent leur chemin.

....

4 **Complète ces phrases avec est, es ou et.**

Si tu .... fatigué, tu te reposeras .... tu repartiras : l'arrivée .... proche.

Le refrain .... simple .... je le retiendrai facilement.

Quand la barrière .... baissée, il faut s'arrêter .... attendre le passage du train.

Ce livre .... bien illustré .... je le parcours avec plaisir.

5 **Écris le verbe être au présent de l'indicatif avec les différents sujets. Fais les accords.**

être allongé et s'endormir

Candice ....

Nous ....

Les enfants ....

Vous ....

être adroit et marquer des buts

Vous ....

Je ....

Tu ....

Maxence ....

Dictée préparée (62 mots) : Vive les vacances !

Le mois de février est là ; les écoliers parisiens sont en vacances. La neige est **au rendez-vous** ; elle recouvre toute la vallée et **les flancs** de la montagne. Les responsables de la station de **Chamonix** sont **optimistes**, car les chalets et les appartements du village sont tous loués pour les vacances. C'est le moment de bien **accueillir** les amateurs de sports d'hiver.

23ᵉ Leçon a, as, à

1 Recopie les phrases en écrivant les verbes en gras au présent de l'indicatif.

L'horloge **avait** des aiguilles brillantes ; on les **voyait** même dans l'obscurité.

....

Tu **auras** un moment de libre quand tu **auras** terminé ton exposé.

....

La soif **aura** raison de l'aventurier qui **tentera** de traverser le désert en solitaire.

....

2 Complète chaque phrase avec un des groupes suivants.

à Limoges – à gauche – à l'oreille – à la vanille – à l'échelle – à feu doux

Le rôti cuit ....   Le charpentier monte ....

Camille a un diamant ....   La famille Leroux habite ....

Muriel prépare un flan ....   L'autobus tourne ....

3 Recopie ces phrases en écrivant les noms en gras au singulier. Fais les accords.

Les **skieurs** ont les mains gelées ; ils n'ont pas de gants assez chauds.

....

Ces **étourdis** ont l'esprit ailleurs ; ils ont oublié d'apporter leurs cahiers.

....

Les **vacanciers** ont loué des **planches** à voile, mais des **vagues** les ont renversés.

....

4 Complète ces phrases avec a, as ou à.

Marine n'......... pas le temps d'aller jouer .... la marelle, car elle .... un travail .... faire.

L'eau tombe goutte .... goutte ; Flavien n'......... pas encore rempli son arrosoir !

L'herbe .... poussé trop vite ; M. Savin .... sorti sa tondeuse .... gazon.

Tu n'......... pas .... te plaindre de la place ; tu .... une vue sur l'ensemble de la scène.

5 Écris le verbe avoir **au présent de l'indicatif avec les différents sujets. Fais les accords.**

avoir un joli stylo   **avoir** un message à écrire

Steven ....   Tu ....

Nous ....   J' ....

Vous ....   Vous ....

J' ....   Les secrétaires ....

Dictée préparée (69 mots) : La nostalgie

Au cours du XIXᵉ siècle, le chemin de fer a progressivement remplacé **la diligence**. Au début, **les chaudières** à vapeur ne fonctionnaient pas très bien et le cheval a, plus d'une fois, **distancé** la machine. Mais cela n'a pas duré, et le train a pris **le dessus**. Celui qui a **la nostalgie** de ces déplacements à cheval peut toujours faire une promenade, à condition de ne pas être pressé !

24ᵉ Leçon
ont, on – ou, où

1 Recopie chaque phrase en remplaçant le sujet on par un des sujets suivants.

l'électricien – le grutier – le boulanger

On répare l'interrupteur du salon en quelques minutes.

....

On fait cuire des pains de campagne et des pains de seigle.

....

On déplace de lourdes charges avec facilité.

....

2 Recopie ces phrases en écrivant les verbes en gras au présent de l'indicatif.

On **vérifiait** que tous les concurrents **avaient** mis leur dossard.

....

On **voyait** bien que ces tableaux **avaient** de la valeur.

....

Du sommet du mont Thabor, on **admirera** le paysage.

....

3 Complète ces phrases avec ont ou on.

Dans les déchetteries, ... récupère de vieux objets qui n'......... plus aucune utilité.

Nos parents .... décidé de louer un nouvel appartement ; .... y sera plus à l'aise.

.... dit que les Dupond-Dupont .... le flair des vrais détectives : est-ce vrai ?

Les feux de pinèdes .... atteint les abords du village ; .... craint pour les habitations.

4 Écris les verbes en gras au présent de l'indicatif avec les différents sujets.

avoir de l'imagination

Les romanciers ....

On ....

Nous ....

avoir le sourire

Kamel ....

On ....

Les hôtesses ....

5 Complète ces phrases avec où ou bien ou.

Nous sortons en récréation dans la cour .... sous le préau .... nous sommes à l'abri.

Pour aller à Orléans .... elle verra sa tante, Claire prendra le train .... l'autobus.

Le coffre .... je range mes jouets est plein à ras bord.

Monteras-tu au dixième étage, ... tu verras un beau panorama, par l'escalier .... par l'ascenseur ?

Dictée préparée (64 mots) : Une compétition disputée

Les motards ont commencé leur ronde infernale. Nous sommes installés dans le virage où l'on voit le mieux les risques pris par les pilotes. Ils ont **des combinaisons** de cuir et ils font preuve d'une **adresse diabolique**. On vérifie à chaque passage que nos favoris ont toujours quelques longueurs d'avance. On attend l'arrivée **avec impatience**. Il ne reste plus que deux ou trois tours.

25e
Leçon
sont, son

1 **Relie chaque phrase à l'expression correspondante.**

Mes parents sont en bonne santé. •   • être à l'abandon

Les maisons du hameau sont à l'abandon. •   • être en avance

Hugo et Victoria sont en avance. •   • être en bonne santé

2 **Recopie chaque phrase en écrivant le verbe en gras au présent de l'indicatif.**

Au passage du cortège, les personnalités **seront** ovationnées.

....

Les artistes **étaient** harcelés par les photographes.

....

L'abricot et le brugnon **étaient** mes fruits préférés.

....

3 **Recopie chaque phrase en remplaçant le nom en gras par le nom en italique.**

questionnaire   Mme Bernard remplit sa **fiche** avec soin.

....

frites   La **salade** est servie ; nous pouvons déjeuner.

....

sirènes   L'**alarme** s'est subitement déclenchée.

....

4 **Complète ces phrases comme dans l'exemple.**

*Alexis déguste lentement son gâteau tandis que Saïd a englouti **le sien**.*

Pierrick a terminé son livre alors que je n'ai pas commencé ....

Justine a quitté son bracelet pour aller nager, mais tu as gardé ....

Le cow-boy a sellé son cheval ; l'Indien chevauche .... avec une simple couverture.

M. Duval pense que son appartement est trop grand ; M. André apprécie ....

5 **Complète ces phrases avec sont ou son.**

Les joueurs des deux équipes .... prêts ; l'arbitre prend .... sifflet.

Les trottoirs de la ville .... glissants, il n'est pas facile de garder .... équilibre.

Les numéros de téléphone des amies de Lisa .... enregistrés dans .... répertoire.

Lorsque le pianiste pose les mains sur .... clavier, les spectateurs .... sous le charme.

Dictée préparée (69 mots) : Sauvons la Terre

La Terre est en danger ; son **atmosphère** est polluée. **Les scientifiques** sont inquiets, car ce phénomène prend de **l'ampleur** de jour en jour. Si des mesures **strictes** ne sont pas prises, nos vies sont menacées. Toutes les grandes capitales sont recouvertes d'un épais **nuage toxique**. Les grands spécialistes mondiaux sont réunis au Japon pour essayer de trouver des solutions. Chaque nation doit faire son **maximum** pour éviter le pire.

26e Leçon près, prêt(s) – peux, peut, peu

1 Recopie chaque phrase en remplaçant le nom en gras par celui en italique.

Tristan   **Justine** est prête à passer au CM2 après ses brillants résultats.

....

acteurs   La **caméra** est prête, le tournage peut débuter.

....

frères   Le matin, mes **sœurs** sont toujours prêtes les premières.

....

2 Recopie ces phrases en écrivant les verbes en gras au présent de l'indicatif.

Le détective **faisait** tout ce qu'il **pouvait** pour résoudre le mystère de cette disparition.

....

Avec tout ce bruit, tu n'**as** pas **pu** travailler correctement.

....

Ce chien d'avalanche **pourra** retrouver une personne en quelques minutes.

....

Je **pouvais** difficilement comprendre ton attitude ; pourquoi n'étais-tu pas prêt !

....

3 Complète ces phrases avec prêt, prêts ou près.

Si les spectateurs se placent trop .... de l'écran, ils peuvent s'abîmer la vue.

Le café est ...., vous pouvez apporter les croissants.

La cuisinière surveille son rôti de ...., pour qu'il soit cuit à point.

Les musiciens ont accordé leur instrument et ils sont .... pour le concert.

Linda pense que Barbara dit à peu .... la vérité, mais rien n'est sûr !

4 Complète ces phrases avec peux, peut ou peu.

Certains pensent qu'un mage .... prédire l'avenir en regardant le ciel.

Je n'en .... plus, ce problème est bien trop difficile.

On a .... de chance de réussir, mais on .... y parvenir avec un .... de persévérance.

Il fait un .... moins froid, alors je .... quitter mon anorak.

La course a été très rapide et le vainqueur .... bien battre le record du monde.

Comme il y a .... de vent, l'éolienne ne .... pas fonctionner.

Dictée préparée (65 mots) : Drame en montagne

La tempête sévit sur les pentes du **massif de l'Oisans** depuis près de trois jours. Nous sommes sans nouvelles de trois hommes partis escalader une **barre rocheuse**. Les secours sont prêts à intervenir et **l'hélicoptère** peut décoller d'un instant à l'autre. Dans **la combe**, la hauteur de neige atteint près de six mètres. Les habitants de la vallée attendent **avec inquiétude**.

27ᵉ Leçon — tout, toute, tous, toutes

1 Indique, à côté de chaque phrase, si le groupe en gras est masculin singulier (MS), masculin pluriel (MP), féminin singulier (FS) ou féminin pluriel (FP).

Tout le public applaudit l'imitateur. → ....   Je regarde mon feuilleton **tous les soirs**. → ....

Ce matin, **toute la neige** a disparu. → ....   **Toutes les visites** sont interdites. → ....

Tous mes désirs seront satisfaits. → ....   **Toute la classe** est de sortie. → ....

2 Complète ces expressions avec tout, tous, toute ou toutes.

se réveiller .... les matins   écouter .... mes disques   réunir .... la famille

le regretter .... sa vie   sortir .... nos cahiers   accepter .... les propositions

relire .... sa copie   démonter .... tes robots   photographier .... les joueurs

3 Recopie ces phrases en écrivant les mots en gras au pluriel. Fais les accords.

Les ingénieurs contrôlent tout le **système** électrique.

....

Il a plu toute la **nuit** ; toute la **rue** est inondée.

....

Tout le **travail** sera achevé avant la fin du mois.

....

Au mois de décembre, tout le **quartier** a un air de fête et toute la **rue** est illuminée.

....

4 Complète ces phrases avec tout, tous, toute ou toutes.

Après avoir tiré la sonnette, ce garnement s'est enfui à .... vitesse.

.... les hommes naissent libres et égaux en droit.

Le feu passe au vert .... les trente secondes ; traversez vite.

Élodie joue de .... ces instruments, mais elle préfère avant .... le violon.

5 Recopie chaque phrase en écrivant le nom en gras au pluriel. Fais les accords.

La **grand-mère** tricote tout en regardant la télévision.

....

Le tout dernier **concurrent** est venu bouleverser l'ordre du classement.

....

La **tartelette** est si savoureuse que je la mange tout entière.

....

Dictée préparée (63 mots) : Les illuminations

À l'approche de Noël, toutes les villes font un effort de décoration. **Elles rivalisent d'audace** pour offrir à toute la population un spectacle de qualité. **Des guirlandes**, placées tout autour des arbres, brillent dès le soir venu. Les commerçants présentent des vitrines originales. Les enfants, tout surpris, regardent **les automates** placés au milieu des jouets et leurs parents s'arrêtent devant **les nouveautés** informatiques.

28e Leçon

Nom ou verbe ?

1 **Recopie chaque phrase en remplaçant le mot en gras par un des mots suivants de sens voisin.**

coût – emprunté – cérémonie

La **fête** fut de toute beauté ; tous les invités repartirent contents.

....

Le **prix** de la réparation ne fut pas très élevé ; M. Trélat est rassuré.

....

Pour traverser la ville, tu as **pris** le tramway.

....

2 **Complète chaque phrase avec un article ou un pronom personnel qui convient.**

.... plie ses vêtements.   Ce pantalon n'a pas .... seul faux pli.

Au bout des allumettes, il y a .... soufre.   .... souffre d'une rage de dents.

.... loup terrorise les moutons.   .... louent des patins à glace.

.... tend une corde entre les piquets.   Prenez .... temps de respirer.

3 **Complète chaque couple de phrases avec le mot qui convient.**

piquent – pic   Le téléphérique nous conduit au sommet du .... du Midi.

Les moustiques ne .... que le soir venu.

rit – riz   Le .... est l'aliment principal des Chinois ; ils le mangent avec des baguettes.

Quand on le chatouille, Mathieu .... de bon cœur.

4 **Complète chaque phrase avec le verbe homonyme du nom en italique.**

la *face*   Hugo s'est égaré ; il faut qu'il .... demi-tour.

le *pain*   Quand il ...., M. Rivet oublie tout et n'entend rien.

la *voix*   Quand il .... un serpent, Mattéo prend ses jambes à son cou.

la *croix*   Ton petit frère ....-il encore au Père Noël ?

5 **Complète chaque phrase avec le nom homonyme du verbe en italique.**

il *doit*   À quel .... avez-vous placé votre bague ?

il *bout*   Ne marche pas dans la ...., tu vas salir tes chaussures.

il *coud*   Le footballeur a donné un .... de pied dans le ballon.

il *noie*   D'un petit bateau, on dit parfois que c'est une coquille de ....

il *perd*   Camille choisit une .... de boucles d'oreilles.

Dictée préparée (66 mots) : Une future cantatrice

Bénédicte se rend à des cours de chant depuis l'âge de sept ans. Son professeur lui apprend à poser sa voix pour ne pas fatiguer **ses cordes vocales**. Bénédicte suit également **des leçons de solfège** ; elle lit désormais **les partitions**. Lorsqu'elle se produit **en concert**, on voit qu'elle fait des progrès. Si elle continue ainsi, elle sera bientôt une chanteuse capable **d'interpréter** les grands airs d'opéra.

29e Leçon

Les accents – Le tréma

1 **Classe les mots de ce texte écrits avec un accent.**

Don Quichotte pique des éperons son cheval, sans écouter le pauvre Sancho qui lui crie qu'il ne s'agit pas de géants mais de moulins. Il s'était si bien mis en tête cette menace de géants qu'il ne voulait rien entendre et encore moins reconnaître la vérité en approchant les moulins de près.

– Attendez-moi, criait-il, lâches brigands ! C'est un seul chevalier qui vous attaque.

D'après Miguel de Cervantès, *Don Quichotte de la Manche*, 1605.

Accent aigu	Accent grave sur le « e »	Accent circonflexe sur le « e »	Accents sur les autres voyelles
....	....	....	....
....	....	....	....

2 **Complète ces mots avec é, è, ê ou e.**

un v....hicule   une paupi....re   une fen....tre   une l....ttre   un v....rre   un s....jour

un li....vre   s'arr....ter   emm....ler   la carri....re   p....rdre   un r....fl....xe

le cin....ma   le comm....rce   r....ver   une pi....ce   la for....t   une h....lice

3 **Utilise un dictionnaire pour placer, si nécessaire, les accents circonflexes.**

la cime   la chute   un baton   un chaton   brouter   une piqure

la voute   une buche   un batiment   une chataigne   bientot   la zone

4 **Recopie ces phrases en plaçant correctement les accents et les trémas.**

Par une etrange coincidence, j'ai rencontre mon ami a la patinoire.

....

Les champs de mais doivent etre arroses tres souvent.

....

L'ouie, la vue, l'odorat, le gout et le toucher sont les cinq sens.

....

5 **Place correctement les accents et le tréma manquants de ce texte.**

Pour reparer son poste de television, M. Durand a fait appel a un specialiste. Celui-ci a commence par verifier toutes les prises. Il a teste les appareils et il a constate qu'une fiche etait defectueuse. Tous ces travaux etaient genants, mais ils devaient tout de meme etre realises. Le cout de la facture n'a pas ete trop eleve et M. Durand pourra regarder les exploits heroiques de l'Aventurier de l'espace, son feuilleton prefere.

Dictée préparée (66 mots) : La tempête

La tempête annoncée se lève dans la soirée. Les vagues frappent la falaise avec une **violence inouïe** et l'écume blanchit la mer. Les habitants ont fermé leurs volets et attendent les rafales **avec sérénité**. Les pêcheurs, prévenus par **le bulletin** de la météo, ont regagné le port. Tout le monde est à l'abri. Maintenant, il suffit d'être **patient** afin de repartir quand les flots seront apaisés.

30ᵉ Leçon

Les sons [s] et [z] (s, ç) et (z)

1 Classe ces mots dans lesquels on entend le son [s].
Attention ! Ils peuvent figurer dans deux colonnes.

(un) Martien – (le) pouce – (la) conscience – (une) trousse – (un) hameçon – (la) sensation – (un) ascenseur –
(une) source – (un) garçon – (un) quotient – (un) bassin – scier – (la) façade – (un) coussin – lacer

On écrit « s ».	On écrit « ss ».	On écrit « c ».	On écrit « ç ».	On écrit « t ».	On écrit « sc ».
....	....	....	....	....	....
....	....	....	....	....	....
....	....	....	....	....	....

2 Complète les mots dans lesquels on entend le son [s]. **Tu peux utiliser un dictionnaire.**

le carro....e des rois

des chau....ures de ....port

une permi....ion spé....iale

une le....on de nata....ion

l'héli....e d'un bateau

une émi....ion pa....ionnante

un tron....on d'autoroute

re....pecter la di....ipline

tra....er des ....ercles

3 Dans ces mots, on entend le son [z]. **Complète-les avec z ou s.**

la cui....ine

bron....er

la pelou....e

le vi....age

bi....arre

la mu....ique

une ri....ière

....apper

une vali....e

une dou....aine

un rai....in

la sai....on

un blou....on

la rai....on

le ga....on

l'hori....on

un ba....ar

le ha .... ard

un lé .... ard

un maqui....ard

4 Recopie en écrivant le verbe à l'imparfait de l'indicatif avec les différents sujets.

Au rayon des produits d'entretien, **choisir** *les moins chers*

.... , nous ....

.... , vous ....

.... , les clients ....

5 Complète les mots dans lesquels on entend les sons [s] et [z].

Cé....ilia n'aime pas la sau....e trop épi....ée du cou....cou.... ; elle préfère une pi....a.

Quand les mu....i....iens entrent en ....ène, le public les applaudit.

La maître....e est ab....ente et c'est une rempla....ante qui fait la cla....e.

Le méde....in appelle une ambulan....e pour tran....porter d'urgen....e le ble....é.

Les balan....es ....ervent à pe....er des objets ou des per....onnes.

Pour trouver la solu....ion du problème, il faut faire preuve de pa....ien....e.

Dictée préparée (64 mots) : Un retour difficile

Laura et Jessy n'avaient pas terminé leur promenade lorsqu'une pluie fine et glaciale commença à tomber. **Elles décidèrent** alors de marcher à **grandes enjambées** pour aller plus vite. Elles avançaient rapidement sur **les chemins boueux.** Les nuages étaient de plus en plus menaçants et elles étaient mouillées jusqu'aux os. On pense qu'elles auront retenu cette dure leçon et que, **dorénavant**, elles prendront leur parapluie.

31ᵉ Leçon — Le son [k] (c, qu, k)

1 **Complète les phrases avec les mots suivants dans lesquels on entend le son [k].**

picorer – technicien – koala – pourquoi – tracteur

Le .... est un animal qui se nourrit de feuilles d'eucalyptus et qui dort beaucoup !

On ne sait pas .... l'autobus a du retard.

Pour labourer, il y a longtemps que le .... a remplacé les bœufs.

Un .... est venu installer les ordinateurs de la salle informatique.

Les poules se précipitent pour .... les graines jetées par la fermière.

2 **Au début de ces mots, on entend le son [k]. Complète-les.**

le ....arton   une ....olline   une ....iche   un ....asque   le ....alcul

une ....alité   un ....otient   le ....imono   une ....estion   la ....orale

le ....artier   une ....ouronne   ....itter   un ....adran   un ....iosque

3 **À la fin de ces mots, on entend le son [k]. Utilise un dictionnaire pour les compléter.**

un anora....   un élasti....   le cir....   un sto....   un chè....

un la....   le plasti....   le décli....   le cogna....   un bifte....

de la la....   le publi....   la mar....   un pi....   une pastè....

un hama....   le trafi....   une pi....   la ban....   un cho....

4 **Complète chaque phrase avec le mot qui convient.**

foc – phoque   Le vent d'est souffle fort ; le .... est gonflé et le voilier avance vite.

Il ne faut pas confondre le .... avec l'otarie ou le morse.

trac – traque   Avant d'entrer en scène, l'acteur débutant a le ....

Le braconnier .... les éléphants pour s'emparer de leurs défenses.

coq – coque   Manges-tu tes œufs au plat ou à la .... ?

En ville, les gens ne sont pas habitués à entendre le chant du ....

5 **Complète les mots dans lesquels on entend le son [k].**

M. Valmy a dé.......ouvert une ....ommode en a.......ajou chez un anti.......aire.

L'a.......robate a.......omplit un exploit en restant en é.......ilibre sur un ....âble tendu entre deux mâts.

Farid ....omposte son ti.......et et se dirige vers le ....ai numéro ....atre.

La joueuse de tennis a ....assé une ....orde de sa ra.......ette.

Dictée préparée (72 mots) : Au Groenland

Les habitants du Groenland, **les Inuits**, doivent survivre dans des conditions difficiles, mais ils sont capables de s'adapter au froid et aux longs hivers. Ils parcourent les eaux glacées sur **leurs kayaks** à la poursuite des phoques, animaux dont ils consomment la viande et avec les peaux **desquels** ils s'habillent. Avec le reste des carcasses, ils nourrissent également leurs chiens qui, le soir, n'en finissent pas d'aboyer en chœur devant **les igloos**.

32e Leçon Le son [f] (f, ph)

1 **Complète les phrases avec les mots suivants dans lesquels on entend le son [f].**

girafes – paragraphes – chiffres – buffles – chauffeurs – refuges

En combinant les dix .... , on peut écrire tous les nombres entiers.

Les .... de poids lourds doivent s'arrêter toutes les deux heures.

Les .... et les .... vivent dans la savane.

En montagne, certains .... sont ravitaillés par hélicoptère.

Dans ce texte, il y a quatre ....

2 **Complète ces mots avec f, ff ou ph.**

le bu....et	le triom....e	un co....re	un sacri....ice	une sur....ace
su....ire	o....iciel	tou....u	un dé....aut	une pro....ession
une a....aire	pro....iter	....otocopier	re....user	un or....elin

3 **Complète les mots dans lesquels on entend le son [f].**

Le dau.......in est un mammi.......ère et non un poisson, même s'il vit dans les mers.

A.......in d'e.......acer la mémoire de la calculatrice, appuie sur cette touche.

Le garagiste règle di.......icilement les ....ares de la voiture.

Ce coureur est au bord de l'as.......yxie, il ne trouve plus son sou.......le ; l'e.......ort a été trop violent.

4 **Complète le tableau : les mots de chaque ligne sont de la même famille.**

Noms masculins	Noms féminins	Verbes	Adjectifs
....	une défense	....	défendu
un coiffeur	....	....	coiffant
....	la froideur	refroidir	....
le fond	....	approfondir	....
l'effroi	....	effrayer	....

5 **À l'aide des définitions, trouve les noms dans lesquels on entend le son [f].**

C'est l'instrument de travail de l'arbitre ! → le s .... (7 lettres)

Elle commence par une majuscule et finit par un point. → la .... (6 lettres)

En français, il compte vingt-six lettres. → l'a........................... (8 lettres)

Le Congo est l'un des pays de ce continent. → l'A........................... (7 lettres)

Dictée préparée (64 mots) : Le massacre des éléphants

Depuis des années, le nombre d'éléphants ne cesse de diminuer. On les tue pour récupérer leurs défenses en ivoire ; **les braconniers** font des affaires **malhonnêtes**. Si **le phénomène** ne s'arrête pas, les éléphants risquent de disparaître ; ce serait une catastrophe. Beaucoup d'animaux sont ainsi menacés par la bêtise humaine. Protégeons les éléphants pour qu'ils continuent à parcourir les forêts et les savanes africaines.

33e Leçon Les sons [g] et [ʒ] (g, gu) et (j)

1 Complète les phrases avec les mots suivants et encadre les lettres qui font les sons [g] ou [ʒ].

fatigue – ajoute – cageots – goût – angine

Quand la compote manque de ...., on .... un peu de sucre.

Les cueilleurs placent les pommes dans des ....

Vaincu par la ...., M. Solar s'endort aussitôt le repas terminé.

Solène ne peut pas aller à l'école, elle a une ....

2 Complète ces mots dans lesquels on entend les sons [ʒ] et [g].

[ʒ]		[g]	
la ven....ance	la pa....e	une ....alette	....etter
une ....ument	....aloux	se dé....iser	navi....er
allon....er	un bour....on	la ri....ole	la ....érison

3 Complète les mots dans lesquels on entend les sons [g] et [ʒ].

En mélan....ant du rou....e et du ....aune, on obtient de l'oran....e.

Le pi....on voya....eur peut parcourir de très lon....es distances.

On préserve sa santé en man....ant des fruits et des lé....umes.

Prenez ....arde, ce vira....e en épin....le à cheveux est dan....ereux.

Quelques personnes parlent encore une lan....e ré....ionale.

4 Écris les verbes en italique à l'imparfait de l'indicatif.

diriger   Dans la tempête, le capitaine .... calmement la manœuvre.

corriger   Avant de rendre nos devoirs, nous .... les fautes.

aménager   Au camping, mes parents .... toujours les abords de la tente.

encourager   Le public .... les participants du marathon de Paris.

5 Recopie chaque phrase en la complétant avec le mot qui convient.

largue – large   Le matelot .... les amarres ; c'est le départ.

Le sentier n'est pas .... ; fais attention.

mangues – manges   L'Inde est le premier pays producteur de ....

Tu .... de bon appétit.

figue – fige   La surprise .... Lucas sur place ; il ne réagit plus.

La .... est un fruit des régions ensoleillées.

Dictée préparée (62 mots) : Un routard

Chaque été, le frère de Germain part à l'aventure, **en auto-stop**. Il trouve ce moyen de voyager tout à fait économique. Parfois, il attend une voiture pendant quelques heures, car les conducteurs n'ont pas tous **la possibilité** de le prendre ; il se réjouit quand une personne lui permet de parcourir un long trajet. Le soir, il dort dans **les auberges de jeunesse**.

34e Leçon   Le son [ã] (an, en)

1 **Pour chaque phrase, écris le seul mot dans lequel on entend le son [ã].**

Les devantures sont décorées pour les fêtes de fin d'année. ....

Le boucher peine à servir tous ses clients. ....

On a fait une longue promenade en montagne. ....

Il fait froid, alors tu prends ton anorak. ....

Patrick choisit une chemise au centre commercial. ....

2 **Dans ces mots, on entend le son [ã]. Complète-les.**

une br.......che	un t.......bour	la t.......tative	la ch.......son	bruy.......t
une l.......pe	dim.......che	le cal.......drier	un alim.......t	un ch.......tier
tr.......bler	r.......voyer	r.......plir	un b.......dit	un c.......didat
les par.......ts	l'océ.......	souv.......t	une fr.......boise	comm.......der

3 **Écris le contraire de ces mots ; ils contiennent tous le son [ã]. Regarde l'exemple.**

attaquer → *défendre*   une vérité → ....

acheter   → ....   rapide   → ....

déballer   → ....   débarquer → ....

rapporter → ....   petit   → ....

dérouler   → ....   sortir   → ....

se réveiller → ....   le suivant → ....

4 **Complète les mots dans lesquels on entend le son [ã].**

Charlemagne a été couronné ....pereur en l'........ 800, à Rome.

D........s un los.......ge, les quatre côtés sont égaux, mais il n'y a pas d'.......gles droits.

Perdue, Julie dem.......de un r.......seignem.......t à un pass.......t.

Les serp.......ts r.......pent sur le sol caillouteux ; fais att.......tion où tu mets les pieds.

Le p.......plemousse, la m.......darine, l'or.......ge et la clém.......tine sont des agrumes.

5 **À l'aide des définitions, trouve les noms dans lesquels on entend le son [ã].**

Ce qu'il reste quand le feu est éteint.   → les c .... (7 lettres)

Ce sont les molaires, les incisives et les canines. → les d .... (5 lettres)

Certains sont comestibles, d'autres vénéneux.   → les c .... (11 lettres)

Ils protégeaient les châteaux forts.   → les r................................... (8 lettres)

Dictée préparée (67 mots) : Au camping

Andrée et Jean **décident** de partir camper pendant deux semaines au bord du **lac de Paladru**. Ils emportent **leurs bagages** dans deux grands sacs. **Arrivés sur place**, ils choisissent un emplacement à l'ombre, puis ils montent leur tente en enfonçant les piquets pour éviter **qu'elle s'envole** en cas de mauvais temps. Ils rangent ensuite le **matériel** de cuisine sous l'auvent. Ils pensent que tout se passera bien.

35ᵉ Leçon — Le son [ɛ̃] (in)

1 **Compose des phrases avec ces mots. Souligne ceux dans lesquels on entend le son [ɛ̃].**

d'avoir – reins. – Michel – aux – se – mal – plaint

....

monter – est – le – de – puisqu' – Il – plein. – est – train – impossible – dans – il

....

revient – de – Le – sa – surveillance. – de – gardien – tournée

....

2 **Complète les mots dans lesquels on entend le son [ɛ̃].**

avoir des yeux de l.........x

faire preuve de beaucoup d'entr.........

cr.........dre l'arrivée de la pluie

faire un cl......... d'œil à son cop.........

coller des t.........bres

se fier à sa première ....pression

payer un jeu v.........gt euros

ét.........dre la lumière du salon

prendre le proch......... autobus

boire une eau l.........pide

3 **Change une lettre de chaque mot en italique pour obtenir un mot qui complètera la phrase.**

fait   Le loup a .... ; il part en chasse dans la vallée.

groin   Mme Ferrand jette du .... aux oiseaux affamés.

bruns   Le vannier place ses .... d'osier dans l'eau pour les assouplir.

poncer   Quand on ferme une porte, on essaie de ne pas se .... les doigts.

poussin   Pour être mieux installé, tu places un .... sur ton siège.

4 **Complète les mots dans lesquels on entend le son [ɛ̃].**

L'inst.........ct du poul......... ne le trompe pas ; il reconnaît la jument qui l'a mis au monde.

Le parr......... de Pauline habite en Espagne, mais il revi.........t souvent en France.

La voiture dévale la pente, car le conducteur étourdi a oublié de serrer le fr......... à m......... .

Avant l'.........vention de l'.........primerie, on écrivait sur des parchem.........s.

5 **Trouve les mots qui correspondent à ces définitions.**

c-p-a-i-l-e-n   Pierre note ses devoirs et ses leçons sur un ....

v-c-i-n-c-a   Quand découvrira-t-on un .... contre le cancer et le sida ?

e-u-p-é-r-o-n-e-s Les électeurs .... vont bientôt élire leurs députés.

t-r-v-a-r-e-n-s-i Dormez-vous la tête appuyée sur un .... ou un oreiller ?

Dictée préparée (63 mots) : Un peintre amateur

Pour réaliser un travail de qualité, Quentin sait qu'il est indispensable de posséder des pinceaux en bon état. Il dispose donc son matériel neuf devant sa toile pour peindre **un paysage imaginaire**. **Il esquisse** d'abord une maisonnette dans le lointain. Au premier plan, il place un moulin à vent. Quentin a du mal à **apprécier** les proportions. Il faut un début à tout !

36ᵉ Leçon

Les noms terminés par le son [j] (ill)

1 **Complète les phrases avec les noms suivants terminés par le son [j].**

murailles – rails – feuilles – fauteuils

Les .... du salon sont très confortables ; installez-vous.

De hautes .... entourent le château fort ; les ennemis ne pourront pas le prendre.

Si vous ne placez pas de .... dans l'imprimante, elle ne fonctionnera pas.

Si les .... n'étaient pas parallèles, les accidents seraient nombreux !

2 **Classe ces noms terminés par le son [j].**

(le) réveil – (des) cisailles – (un) vitrail – (la) ferraille – (le) chèvrefeuille – (le) sommeil – (la) veille – (un) chandail – (le) treuil – (un) portefeuille – (une) merveille – (un) chevreuil

On écrit « ail ».	On écrit « eil ».	On écrit « euil ».	On écrit « aille ».	On écrit « eille ».	On écrit « euille ».
....	....	....	....	....	....
....	....	....	....	....	....

3 **Complète ces noms terminés par le son [j]. Sois attentif(ve) aux articles.**

le seu....   une grenou....   le cora....   la pa....   une fa....

le deu....   la bata....   un attira....   un éventa....   la roca....

une corbe....   une citrou....   le fenou....   une ma....   un soupira....

une trouva....   un gouverna....   la fou....   du cerfeu....   un porta....

4 **Complète ces noms terminés par le son [j].**

Perdu dans le désert, le caravanier rêve d'une bout.................... d'eau fraîche.

L'acc.................... que nous ont réservé nos correspondants fut très chaleureux.

M. Mazier était au chômage depuis deux ans ; il a enfin trouvé du tra.................... .

Les objets en fer sont attaqués par la rou.................... .

Les enfants consultent un rec.................... des œuvres de Jean de La Fontaine.

5 **À l'aide des définitions, trouve les noms terminés par le son [j].**

Grâce à elles, nous entendons.   → les or.................... (8 lettres)

Il adore les noisettes dont il fait des provisions.   → l'éc.................... (8 lettres)

Petits fruits rouges ou blancs au goût acide.   → les gr.................... (10 lettres)

Celle en or récompense le vainqueur.   → la mé.................... (8 lettres)

Dictée préparée (67 mots) : La chute

Alexis apprend à faire du vélo. Aujourd'hui, il s'élance sur les chemins et ne veut pas que **quelqu'un** l'accompagne. Mais il trébuche sur le premier caillou, tombe et se fait une profonde entaille à la jambe. **Sa bicyclette** est bonne pour la ferraille. Quel accueil va-t-il avoir en franchissant le seuil de la maison ? Il sait qu'il n'a pas suivi les conseils **de prudence** de ses parents.

37e Leçon

Les noms terminés par les sons [y] (-ue, -u) et [i] (-ie, -i)

1 **Complète les phrases avec les noms suivants.**

appétit – tortue – panoplie – sortie – inconnu

Qui l'aurait cru ? La .... de la fable a battu le lièvre à la course.

Un .... a frappé à la porte ; personne n'a répondu.

Pour Noël, Dimitri a commandé une .... de cosmonaute.

À la fin du spectacle, les spectateurs se dirigent vers la ....

Tom a de l'............................ ; il dévore la portion de frites.

2 **Complète ces noms terminés par les sons [y] et [i].**

l'aven....   une verr....   le pers....   un gén....   un intr....

une mass....   un oubl....   un fouill....   le dess....   le parad....

un attrib....   une bouill....   une épidém....   un ab....   le confl....

la bienven....   un espr....   un hab....   la mor....   une entrev....

3 **Écris le nom des magasins dans lesquels on trouve ces produits comme dans l'exemple.**

des bijoux → *une bijouterie*   des livres → ....

des gâteaux → ....   du parfum → ....

de la viande → ....   des crêpes → ....

du poisson → ....   du pain → ....

4 **Complète ces phrases avec des noms terminés par les sons [y] et [i].**

Après une journée de sk......., c'est un plaisir de déguster une bonne fond....... .

Un déb....... d'incend....... s'est déclaré dans les broussailles, près du tal....... .

Le pr....... de ce tap....... est trop élevé ; M. Dubosc renonce à son achat.

Le men....... précise que le rôt....... est accompagné de spaghett....... .

Parmi ses out......., le menuisier possède une sc....... électrique.

5 **À l'aide des définitions, trouve les noms terminés par les sons [y] ou [i].**

La rougeole, la grippe, un rhume, une bronchite.   → des ma............................ (8 lettres)

Salade verte à feuilles très larges.   → une la............................ (6 lettres)

Il en existe de différentes enregistrées dans les portables.   → les so............................ (9 lettres)

Elle permet de déplacer de lourdes charges sur un chantier.   → une g............................ (4 lettres)

Le débordement d'une rivière ou d'un fleuve.   → une c............................ (4 lettres)

Dictée préparée (70 mots) : Les grands travaux

Ce matin, **un vrai défi** attend monsieur Bernard, car le bricolage n'est pas **son passe-temps** favori. Il doit passer deux couches de peinture sur le plafond et sur les murs du salon afin qu'ils retrouvent leur éclat. Au début, il recouvre les meubles de la pièce et roule le tapis pour ne pas les tacher. Ensuite, le travail commence. S'il n'y a pas **d'imprévu**, monsieur Bernard terminera dans la soirée.

38e Leçon **Les consonnes doubles**

1 **Complète les phrases avec les mots suivants.**

mammifères – manivelle – abbaye – combattant – allaite

La femelle des .... ses petits.

Pour mettre cet automate en marche, il suffit de tourner la ....

L'.. du Mont-Saint-Michel reçoit des millions de visiteurs.

Le dernier .... de la guerre de 1914-1918 est mort en 2008, à l'âge de 110 ans.

2 **Complète ces mots comme il convient.**

n ou **nn**	**p** ou **pp**	**c** ou **cc**	**r** ou **rr**
une rei....e	une na....e	su....ulent	te....ible
un re....e	un cana....é	le su....ès	to....ide
une ante....e	un su....lément	a....élérer	un tau....eau
l'arè....e	su....orter	un a....ompte	un ma....on

3 **Complète chaque phrase avec le mot qui convient.**

appel – appelle   Les naufragés ont lancé un .... de détresse.

                        Comment s'........................... la capitale du Brésil ?

cane – canne   M. Bona part pêcher la truite avec sa .... à lancer.

                        Les œufs de la .... sont moins gros que ceux de la poule.

cotte – côte   Les chevaliers portaient une .... de mailles sous leur armure.

                        La .... est raide ; les coureurs transpirent !

4 **Complète les mots avec une consonne simple ou double.**

Les éclairs i....uminent le ciel ; le to....e....e gronde ; l'o....age a....roche.

Le to....ent cha....ie d'énormes pie....es a....achées à la montagne.

Tu a....récies les pâ....es au beu....e avec un peu de gruyère râ....é.

Pour dé....eiger le tro....oir, M. Martinet u....ilise une grande pe....e.

5 **Écris les verbes de la même famille que ces noms. Attention, certaines consonnes sont doublées, d'autres pas.**

le flot	→ *flotter*	le savon	→	le trot	→ ....
le galop	→	le parfum	→	le tricot	→ ....
l'abandon	→	le vaccin	→	le pardon	→ ....

Dictée préparée (66 mots) : Une déviation

Comme la traversée du principal carrefour de la commune est difficile, des travaux ont été effectués pour mettre en place un passage souterrain. **Des pelleteuses** ont creusé des tranchées **suffisamment** larges **dans lesquelles** des camions ont déversé du béton. Une fois le petit tunnel terminé, il a fallu refaire la chaussée. **Les piétons apprécient** ; ils peuvent se rendre d'un trottoir à l'autre en toute sécurité.

39ᵉ Leçon
Les noms terminés par le son [e] (-é, -ée)

1 Écris les noms des métiers qu'exercent ces personnes.

Il installe les baignoires, les lavabos, les douches. → ....

Il répare les chaussures et les objets en cuir. → ....

Il garde les moutons quand ils vont dans les alpages. → ....

Il fait les piqûres et les pansements des malades. → ....

Il répare les bagues, les colliers, les boucles d'oreilles. → ....

2 Écris des noms, terminés par le son [e], de la même famille que les mots en italique. Tu ajouteras chaque fois un complément du nom.

Noms masculins | Noms féminins

défiler → le **défilé** des soldats   *égal* → l'**égalité** des résultats

énoncer → ....   *arriver* → ....

pédaler → ....   *monter* → ....

une oreille → ....   *le jour* → ....

3 Complète les phrases avec les noms suivants dont tu écriras la terminaison.

handicap.... – mar.... – escali.... – plong.... – roch.... – araign.... – buch....

La .... sous-marine peut être un sport dangereux.

Les personnes sportives ne prennent pas l'ascenseur mais l'........................... .

Pourquoi Maryline a-t-elle peur à la vue d'une .... ?

À Rouen, Jeanne d'Arc fut brûlée vive sur un ....

Lorsque vous voyez un ...., aidez-le à traverser les rues.

À .... basse, on aperçoit les .... recouverts d'algues.

4 Transforme les groupes et écris une phrase comme dans l'exemple.

des fruits acides → **L'acidité** des fruits donne un goût particulier au dessert.

un ami généreux → ....

des tissus légers → ....

des câbles solides → ....

des lieux propres → ....

5 Complète ces noms terminés par le son [e]. Tu peux utiliser un dictionnaire.

un planch....   une chauss....   un canap....   la pur....   un côt....   la libert....

un sorci....   la sant....   la ru....   un lyc....   la port....   le déput....

Dictée préparée (70 mots) : Un familier du quartier

Chaque jour, le facteur distribue le courrier. Avec sa sacoche, **il arpente** toutes les rues du quartier. Il salue le boulanger et le charcutier **qu'il connaît** depuis des années. Lorsqu'il quitte l'allée des Rosiers, il sait que la moitié de sa tournée est achevée. Il s'accorde alors **une petite pause** pour se rafraîchir. Il discute un moment avec les clients et il repart d'un bon pied.

40e Leçon — Les noms terminés par le son [ɛ] (-aie, -et)

1 **Classe ces noms terminés par le son [ɛ].**

(un) sujet – (un) harnais – (un) abcès – (la) forêt – (le) volley – (un) mollet – (un) prêt – (un) laquais –

(un) balai – (un) forfait – (un) cyprès – (un) attrait – (la) craie – (un) quai – (l')oliveraie – (un) jockey

On écrit « et ».	On écrit « ai ».	On écrit « aie ».	On écrit « ait ».
....	....	....	....
....	....	....	....

On écrit « ais ».	On écrit « ès ».	On écrit « êt ».	On écrit « ey ».
....	....	....	....
....	....	....	....

2 **Complète les phrases avec les noms suivants.**

poney – ballet – frais – geai

L'été, les gens prennent le .... sur les bancs de la place du village.

Le .... est un oiseau que l'on peut apercevoir dans nos forêts.

Ce jeune enfant pratique l'équitation sur un .... adapté à sa taille.

Carine suit des cours de danse et elle se produira bientôt dans un ....

3 **Complète ces noms terminés par le son [ɛ].**

une t....   un sach....   la monn....   un ess....   un rel....   un arr....   un tick....

un coupl....   un mar....   un paqu....   un coffr ....   la p....   un nav....   un bracel....

4 **Complète les phrases avec les noms suivants dont tu écriras la terminaison.**

gen.... – acc.... – retr.... – hoqu....

Pour faire un .... d'argent au distributeur, il faut connaître son code confidentiel.

Désormais, les handicapés ont .... à la plupart des bâtiments publics.

Si vous avez le ...., buvez un verre d'eau et il passera.

À la fin du printemps, les .... colorent de jaune les campagnes bretonnes.

5 **Complète ces noms terminés par le son [ɛ] et justifie la terminaison en donnant un mot de la même famille, comme dans l'exemple.**

le rabais → *rabaisser*   le l.... → ....

le refl.... → ....   le progr.... → ....

le robin.... → ....   le feuill.... → ....

Dictée préparée (66 mots) : Lendemain de fête

Hier, il y avait des invités à la maison et ce fut **un franc succès** : nous nous sommes bien amusés. Mais ce matin, il faut ranger ! Papa prend un balai ; maman range la vaisselle dans le buffet ; mon frère monte sur un tabouret pour décrocher **les guirlandes** et moi, je remets en ordre les objets déplacés. À midi, la maison a retrouvé **un aspect** convenable.

41e Leçon

Les noms terminés par le son [œR] (-eur)

1 **Place un article,** un ou une, **devant ces noms.**

.... sœur   .... malheur   .... chauffeur   .... docteur

.... liqueur   .... chœur   .... leurre   .... chaleur

.... ascenseur   .... brocanteur   .... rongeur   .... heurt

.... bonheur   .... planeur   .... faveur   .... empereur

2 **Écris le nom de ceux qui réalisent ces actions.**

Celui qui ment est un ....   Celui qui court est un ....

Celui qui voyage est un ....   Celui qui coiffe est un ....

Celui qui balaie est un.................................... .   Celui qui lit est un ....

Celui qui explore est un ....   Celui qui campe est un ....

3 **Complète ces noms terminés par le son [œR].**

Magellan était un navigat.......... portugais qui entreprit de faire le tour du monde.

Cette dem.......... abandonnée est peut-être peuplée de fantômes ou de fées.

Une od.......... désagréable s'échappe des égouts de la ville.

À la vue du serpent à ses pieds, Nadine poussa un cri de fray.......... .

Richard C.......... de Lion fut un célèbre roi d'Angleterre.

4 **Change la lettre en gras de chaque nom en italique pour obtenir un nom, terminé par le son [œR], qui complète la phrase.**

le buveur   Le .... de l'équipe d'Espagne a manqué un penalty.

les coureurs   Quelles sont les trois .... du drapeau français ?

le cireur   Le .... a réussi à atteindre le centre de la cible.

l'auteur   L'........................... qui tient le rôle principal n'a que vingt ans, mais quel talent !

le scieur   Jean-Baptiste, le .... de Valloire, a remporté le slalom géant.

5 **À l'aide des définitions, trouve les noms qui se terminent tous par le son [œR].**

Elle s'échappe quand l'eau bout.   → la v........................... (6 lettres)

On l'étale sur des tartines.   → le b........................... (6 lettres)

Il a remporté l'épreuve.   → le v........................... (9 lettres)

Celle d'un puits de pétrole peut dépasser 5 000 mètres.   → la pr........................... (10 lettres)

Grâce à lui, on surfe sur Internet.   → un or........................... (10 lettres)

Dictée préparée (72 mots) : Un conteur

Toutes les semaines, à la même heure, un conteur vient dans notre classe. C'est un vrai moment de bonheur. Il nous raconte des histoires avec **une ferveur communicative**. Certaines relatent les malheurs des princesses, d'autres, qui **mettent en scène** des dragons et des ogres, nous remplissent de frayeur. Mais notre peur n'est que de courte durée, car le conteur sait nous rassurer. Le soir, dans nos rêves, nous revivons ces aventures merveilleuses.

42ᵉ Leçon

Les noms terminés par le son [war] (-oire, -oir)

1 **Complète les phrases avec les noms suivants.**

éliminatoires – isoloir – ivoire – accoudoirs – observatoire

Il est désormais interdit de vendre l'.................................... des défenses de l'éléphant.

Depuis cet ...., les astronomes observent les étoiles.

Les .... du tournoi de tennis débutent cet après-midi.

Les .... du fauteuil devront être recouverts de cuir.

Avant de déposer leur bulletin dans l'urne, l'électeur doit passer dans l'.................................... .

2 **Place un article, un ou une, devant ces noms.**

.... abattoir	.... trajectoire	.... bougeoir	.... réservoir
.... espoir	.... auditoire	.... perchoir	.... tiroir
.... conservatoire	.... abreuvoir	.... rôtissoire	.... séchoir
.... manoir	.... armoire	.... peignoir	.... patinoire

3 **Complète les noms terminés par le son [war].**

La bai............... est remplie ; trouves-tu l'eau assez chaude ?

Ce comédien a un étonnant pou............... de séduction.

Le ter............... français est divisé en de nombreux départements.

Satisfait, le client a donné un pou............... au chauffeur de taxi.

4 **Écris les noms, terminés par [war], de la même famille que ces verbes comme dans l'exemple.**

égoutter → *un égouttoir*

présenter →	laver → ....
saler →	gratter → ....
fermer →	sauter → ....
	mâcher → ....

5 **À l'aide des définitions, trouve les noms qui se terminent tous par le son [war].**

Il permet d'effectuer des sauts dans le grand bassin.	→ le pl............................... (9 lettres)
Partie de la rue réservée aux piétons.	→ le tr............................... (8 lettres)
Instrument pour remplir les bouteilles.	→ un en............................... (9 lettres)
Elle nous permet de retenir beaucoup de choses.	→ la mé............................... (7 lettres)
Grâce à elles, les poissons se déplacent.	→ les na............................... (9 lettres)
Le lieu de travail d'un chimiste.	→ le la............................... (11 lettres)

Dictée préparée (69 mots) : Les derniers mètres

Ils courent, ils courent… La victoire est au bout **du parcours**. **Les concurrents** observent l'allure de leurs adversaires. Chacun a l'espoir d'être le vainqueur, celui que la gloire attend. On passe du désespoir aux rêves les plus fous. Après **une course acharnée**, celui qui franchit la ligne d'arrivée en tête est **acclamé** comme **un héros** ; il entre dans l'histoire du sport et restera longtemps dans la mémoire des spectateurs.

43ᵉ Leçon — Les familles de mots

1 Classe ces mots selon la famille à laquelle ils appartiennent.

la garniture – glissant – galoper – gagner – la galopade – dégarnir – la glissade – un gagnant

Famille de « garnir »	Famille de « glisser »	Famille de « galop »	Famille de « gain »
....	....	....	....
....	....	....	....

2 Dans chaque colonne, un mot ne fait pas partie de la même famille que les autres ; encadre-le.

planter	pointu	battre	le passant	semer
un plantoir	le poing	un combattant	la passion	la semence
une plantation	la pointure	le bateau	la passerelle	ensemencer
un planeur	le point	combatif	dépasser	la semelle

3 Complète chaque phrase avec un mot de la même famille que le mot en italique.

terre   Pour enrichir le sol du jardin, un peu de .... ne fait pas de mal.

L'avion en provenance de Rio de Janeiro va .... dans un instant.

La famille Sauvageot prend le frais sur la .... de la villa.

Les chalutiers espagnols viennent pêcher dans les eaux .... françaises.

4 Complète le tableau : sur chaque ligne, les mots sont de la même famille.

Noms masculins	Noms féminins	Verbes	Adjectifs
....	....	....	observable
le mont	....	....	....
....	....	....	serviable
....	la vente	....	....

5 En utilisant des suffixes, écris des noms de la même famille que les verbes, comme dans l'exemple.

jouer → *un joueur*   réclamer → une ....

fermer → une ....   rugir → le ....

remplir → le ....   lire → la ....

naître → la ....   peindre → la ....

Dictée préparée (65 mots) : Les hippopotames

Les hippopotames passent une grande partie de la journée dans l'eau, où ils peuvent rester **immergés** plusieurs minutes avant de remonter à la surface pour respirer, ouvrant alors toute grande leur gueule armée **de crocs impressionnants**. Ils se nourrissent sur **les berges** où ils trouvent les cent kilos de fourrage de leur ration quotidienne ou plutôt nocturne, puisqu'ils profitent de **l'obscurité** pour sortir de l'eau.

45

La lettre h

1 **Complète les phrases avec les mots proposés. Fais les accords.**

héritier – héritage – hériter

Le notaire ouvre le testament pour savoir à qui reviendra l' ....

Les .... du comte de Cormatin vont restaurer le château familial.

Le neveu de l'oncle Anatole .... de sa collection de cartes postales.

2 **Écris les verbes en gras à la 1ʳᵉ personne du singulier du présent de l'indicatif, comme dans l'exemple.**

hisser *les voiles pour profiter du vent*   → **Je hisse** *les voiles pour profiter du vent.*

habiter dans un quartier de Lille   → ....

s'habiller à la mode   → ....

héberger un chat abandonné   → ....

avoir peur et **hurler** très fort   → ....

3 **Si nécessaire, complète les mots avec la lettre h.**

Si tu marches sur ces cailloux, tu vas ....abîmer tes chaussures.

Ophélie devrait s'....abituer rapidement à sa nouvelle classe.

Antoine court à perdre ....aleine pour rattraper ses camarades.

Il n'a pas plu depuis longtemps ; les pompiers sont en ....alerte.

Le concurrent qui a obtenu le moins de points sera ....éliminé.

Les avions à réaction ont remplacé les avions à ....élices.

4 **Si nécessaire, complète ces mots avec la lettre h. Utilise un dictionnaire.**

la ment....e   une mét....ode   l'....iver   sou....aiter   une ....orloge

une tent....e   les parent....èses   l'....ivresse   enva....ir   l'....umidité

les ....orties   le ....asard   l'....utilité   le ryt....me   le t....éâtre

5 **À l'aide des définitions, trouve les noms qui contiennent la lettre h.**

Des animaux qui se nourrissent d'herbe.   → les .... (10 lettres)

Un instrument pour mesurer la température.   → un t........................... (11 lettres)

Si tu as celui des foins, tu éternues souvent !   → le r........................... (5 lettres)

Sur les parkings, ils ont des places réservées.   → les .... (10 lettres)

Au Moyen Âge, elles étaient romanes ou gothiques.   → les c........................... (11 lettres)

Dictée préparée (62 mots) : L'horoscope

Madame Henri hésite : faut-il **adhérer** aux prévisions lues dans **les magazines**, à la page de l'horoscope ? Beaucoup d'entre elles vous décrivent un avenir radieux. Malheureusement, la réalité est souvent tout autre. Si les histoires que l'on découvre paraissent **authentiques**, elles ne reposent sur rien de réel : ce ne sont que **des hypothèses** que les faits démentiront le plus souvent.

45ᵉ Leçon — La lettre x

1 **Complète les phrases avec les mots suivants.**

exporte – toxique – relaxation – proximité – oxyde – exceptionnel – exposition

Après une séance de gymnastique, on prend souvent un moment de ....

La place de la République se trouve à .... de l'hôtel de ville.

Il fait un temps .... ; on n'a pas connu ça depuis vingt ans.

L'Arabie Saoudite .... beaucoup de pétrole.

Avec la classe, nous avons visité une .... de vieux outils agricoles.

L'........................... de carbone est un gaz .... qui peut être mortel.

2 **Complète ces mots par x ou xe.**

payer une ta.... élevée   regarder un combat de bo....   l'anne.... de la mairie

habiter un duple....   observer une marée d'équino....   lever l'inde.... pour répondre

reconnaître un suffi....   résoudre un problème comple....   rester perple....

respecter la synta....   chercher un sile....   vivre dans le lu....

3 **Prononce ces mots à haute voix et, si nécessaire, place la lettre c.**

l'ex....ercice   l'ex....ursion   l'ex....écution   ex....iter

ex....iler   l'ex....plosion   un ex....édent   ex....essif

ex....aspérer   ex....act   l'ex...pulsion   l'ex....hibition

ex....ubérant   ex....agérer   un ex....ès   ex....entrique

4 **Complète les phrases avec des noms formés à partir des lettres en italique.**

m-t-x-i-s-e   Les écoles accueillent les garçons et les filles ; elles sont ....

a-u-l-x-i-i-a-r-i-s-e   En français, il y a deux .... : avoir et être.

e-t-x-q-o-i-u-e   Pour un Parisien, la Polynésie est une destination touristique ....

e-p-t-x-l-o-i   En traversant le Pacifique à la rame, Maud Fontenoy a réalisé un ....

t-t-x-e-e   La maîtresse demande d'écrire un .... de vingt lignes.

5 **À l'aide des définitions, trouve les noms qui contiennent la lettre x.**

Quand on est en retard, on les présente.   → les e.................................... (7 lettres)

C'est un gaz indispensable à la vie.   → l'o.................................... (7 lettres)

C'est le contraire du minimum.   → le m.................................... (7 lettres)

C'est le contraire de l'intérieur.   → l'e.................................... (9 lettres)

Dictée préparée (71 mots) : Un championnat du monde

Le boxeur français dispute le combat le plus important de **sa jeune carrière**. Même si son expérience au niveau mondial est limitée, **il a confiance** en son excellent jeu de jambes pour éviter les coups de son adversaire. Au dixième round, d'un violent crochet **au plexus**, il l'envoie au tapis. **Anxieux**, le public retient son souffle jusqu'à ce que l'arbitre lève le bras **du vainqueur.** C'est alors une explosion de joie.

46e Leçon **Les lettres muettes**

1 Recopie chaque groupe en accordant les adjectifs qualificatifs en italique.

une *lourde* valise	un .... colis	une *gentille* voisine	un .... voisin
une nappe *blanche*	un drapeau	une *courte* pause	un .... instant
une copie *parfaite*	un travail	une classe *complète*	un groupe ....
une *mauvaise* nouvelle	un .... souvenir	une place *gratuite*	un billet ....
une perruque *laide*	un masque	une crème *fraîche*	un fromage ....
une maîtresse *absente*	un maître	une journée *grise*	un ciel ....

2 Recopie chaque phrase en remplaçant le nom en gras par celui en italique. Fais les accords.

meuble   M. Loridon a acheté une **table** basse pour son salon.

....

boulevard   À cette heure tardive, l'**avenue** est déserte.

....

entretien   L'**explication** fut franche, mais aucun accord n'est en vue.

....

3 Si nécessaire, complète ces noms avec des lettres muettes.

un réchau....	un compa....	le paradi....	un mét....éore	du siro....
un studio....	le panorama....	un ralenti....	la mét....ode	un étau....
un étan....	du vergla....	une perdri....	la tra....ison	un talu....

4 Complète les noms avec les lettres muettes qui conviennent.

Avant de faire les travaux, l'électricien présente un devi.... à son client.

Sans nœu.... coulant, il n'y a pas de lasso !

Le poisson le plus répandu dans les mers froides, c'est le haren.... .

Le confli.... a pu être évité ; la pai.... vient d'être signée.

Au printem...., l'odeur des lila.... est agréable.

5 Associe à chaque verbe le nom de la même famille qui convient, comme dans l'exemple.

goûter	→ *le **goût** du chocolat*	refuser	→ un .... de priorité
camper	→ un .... au bord de la mer	accrocher	→ un .... dans le rideau
éclater	→ un .... de verre	regarder	→ un .... de travers
souhaiter	→ un .... de bonheur	chanter	→ un .... de Noël

Dictée préparée (71 mots) : Le permis de conduire

Le frère d'Arnaud passe son permis de conduire. Il démarre **sans heurt**, les mains bien posées sur le volant, comme le moniteur le lui a appris. Il a **un œil** sur le compteur de vitesse, car **le respect** des limitations est impératif. Il marque l'arrêt au stop ; un refus de priorité serait une grave erreur. Comme il termine par **un créneau parfait**, l'examinateur lui accorde le précieux permis. Il est heureux.

47ᵉ Leçon

Les homonymes

1 **Dans chaque phrase, deux mots se prononcent de la même façon ; souligne-les.**

Ce petit canot n'est pas fait pour naviguer sur les canaux réservés aux péniches.

Le cavalier place la selle sur la jument qu'il va monter, et non sur celle qui reste à l'écurie.

Jamais un coq ne pondra un œuf qu'on pourra manger à la coque !

Le vendeur est content, car le client vient de le payer comptant.

2 **Complète chaque phrase avec l'homonyme qui convient. Tu peux utiliser un dictionnaire.**

pains – pins – peint

Les .... de la forêt landaise fournissent un bois de qualité.

M. Desclat .... les murs de sa cuisine en jaune paille.

Dans cette boulangerie, on trouve des .... aux olives ou aux noix.

voix – voie – voit

Ce ténor possède une .... exceptionnelle.

La .... ferrée longe l'autoroute.

Au printemps, on .... les hirondelles revenir dans nos régions.

3 **Complète les expressions de chaque ligne avec des mots homonymes.**

aller au parc d'attractions avec son ....   enfiler une .... de gants

lire un .... de fées   avoir un .... en banque

avoir une .... de loup   voir la .... de l'émission

4 **Complète chaque phrase avec un homonyme du mot en italique.**

laid   Il faut boire au moins un verre de .... par jour.

tâches   Il y des .... d'encre sur cette feuille.

grasse   La danseuse évolue avec ....

pot   Les serpents perdent leur .... lors de multiples mues.

5 **Complète ces groupes nominaux afin de préciser le sens des mots homonymes comme dans l'exemple.**

*le cor **de chasse***   *le corps **humain***

de la pâte ....   la patte ....

une chaîne ....   un chêne ....

un car ....   un quart ....

un seau ....   un saut ....

Dictée préparée (70 mots) : Retour de pêche

Les marins rentrent au port, les cales pleines **à ras bord**. Lorsqu'ils aperçoivent le phare de **l'île de Sein**, ils savent qu'ils s'approchent de la côte. Dès leur arrivée au quai, ils débarquent les paniers de poissons qui sont **immédiatement** vendus à **la criée**. Pour cette quinzaine, ils ont eu de la chance, la pêche a été bonne. Chacun reçoit sa part et peut bénéficier de quelques jours de repos.

48ᵉ Leçon

Les mots invariables

1 **Complète chaque phrase avec le mot invariable qui convient.**

bientôt – aussitôt – malgré – aucun – pendant

Les maçons travaillent dehors .... les mauvaises conditions atmosphériques.

.... enfant ne devrait souffrir de la faim de par le monde.

Nous serons .... en vacances ; l'école fermera.

Vous avez joué à l'élastique .... la récréation.

La sonnerie retentit : .... nous prenons nos sacs et nous sortons.

2 **Relie les groupes pour composer des phrases ; souligne les mots invariables.**

Autrefois, •   • l'avion pourra décoller.

Lorsque la visibilité sera bonne, •   • les souris dansent.

Alors qu'il se rendait à Moscou, •   • on pensait que la Terre était plate.

Quand le chat n'est pas là, •   • Napoléon Iᵉʳ fut surpris par l'hiver.

3 **Recopie ces phrases en écrivant les mots en gras au pluriel. Souligne les mots invariables.**

La **porcelaine** est très fragile ; déplacez-la doucement.

....

Cet **enfant** ne joue pas encore avec son **camarade**.

....

Cette **personne** écoute souvent le **conseil**.

....

4 **Complète les phrases avec des mots invariables formés à partir des lettres en italique.**

s-o-i-n-m   Si vous marchez vite, vous serez arrivés dans .... d'une minute.

j-s-i-a-m-a   Bien protégé, ce port n'est .... touché par les tempêtes.

a-u-a-n-t-t   Sur les pistes de Tignes, il y a .... de neige que l'année dernière.

a-t-u-o-r-u   Il y a une grille de protection .... des jeunes arbres.

5 **Complète les mots invariables.**

Les flamants roses se reposent s......... une seule patte.

Cette personne handicapée ne peut pas rester lon............. de............. ; elle doit s'asseoir.

Av......... de vernir la maquette, il faut d'a............. assembler tous les morceaux.

Le château de Versailles est vr............. un monument somptueux.

Dictée préparée (68 mots) : Le secret du château de Bionne

Deux randonneurs ont dressé leur tente à **la lisière** de la forêt. Toute la nuit, **des hurlements lugubres** ont accompagné leur sommeil. Dès le matin, munis d'une corde, ils se retrouvent devant le vieux château. Ils veulent percer **ce mystère**. Cependant, malgré leur courage, ils ne sont pas rassurés. **Néanmoins**, ils lancent la corde par-dessus les remparts et commencent à grimper avec beaucoup de précaution. Que vont-ils découvrir ?

49ᵉ Leçon
Le verbe : infinitif, groupe, temps, personnes

1 **Dans ces phrases, encadre les verbes conjugués et souligne les verbes à l'infinitif.**

Je viens de terminer mon premier match de tennis ; je me repose un peu.

Si tu tardes à répondre, ton correspondant va couper la communication.

Pour calmer sa toux, Sandy boit quelques cuillérées de sirop.

Pour tracer un angle droit, on peut prendre une équerre et une règle plate.

2 **Écris l'infinitif des verbes en gras et donne leur groupe, comme dans l'exemple.**

*Nous **aimons** la musique folklorique.*   *aimer*   *1ᵉʳ groupe*

Tu **gravissais** la colline.   ....

Mes cousines **sont venues** me voir.   ....

Le phare **guidera** les navires.   ....

Je **perds** peu à peu patience.   ....

3 **Complète ces phrases avec des pronoms personnels qui conviennent.**

.... demeures immobile.

.... sautaient de joie.

.... êtes allées au cinéma.

.... dites sans cesse la même chose.

.... prendrons un chocolat chaud.

.... achèterons des timbres.

.... ai réglé mon réveil.

.... effectuera un double saut.

.... pourrait se tromper.

.... vais me doucher.

4 **Dans chaque colonne, entoure le verbe qui n'est pas conjugué au même temps que les autres.**

La fusée décolle à l'heure.

Vous accomplissez un exploit.

Le volcan se réveillera.

Le policier connaît le coupable.

Le médecin examinait les malades.

Le terrassier retrousse ses manches.

Le pompiste remplissait le réservoir.

Les motards ralentissaient.

5 **Souligne les verbes conjugués et indique leur temps : présent, passé ou futur.**

Nous avons fouillé dans tous les cartons du grenier.   ....

L'interprète traduira les paroles du ministre chinois.   ....

Cet habile mécanicien réparera la moto.   ....

Ce conteur nous tenait sous le charme de ses histoires.   ....

On recherche des volontaires pour chanter à la chorale.   ....

Dictée préparée (70 mots) : À la patinoire

Depuis longtemps, je voulais me rendre à la patinoire. Cet après-midi, Fanny décide de m'**accompagner**. Nous chaussons nos patins et nous faisons **quelques longueurs** pour nous **réchauffer**. Fanny se lance ensuite dans une série de sauts ; je préfère glisser en douceur. Au bout d'une heure, nous sommes **en sueur** et nous nous arrêtons. Avant de quitter la patinoire, nous admirerons les autres patineurs qui continuent d'**évoluer** en suivant la musique.

50ᵉ Leçon — Le présent de l'indicatif : être, avoir et verbes du 1ᵉʳ groupe

1 Relie ces groupes pour former des phrases correctes.

Je •   • ravage •   • pour réclamer leurs croquettes.

Les chats •   • donnons •   • les côtes du Mexique.

Nous •   • trouve •   • notre nouvelle adresse.

Vous •   • miaulent •   • que le problème est difficile.

Ce cyclone •   • effectuez •   • un parcours sans faute.

2 Complète ces phrases avec les formes des verbes être et avoir au présent de l'indicatif.

Ta réponse nous .... surpris et nous .... sans réaction.

Tu .... pris la dernière place libre et tu .... trop près de l'écran.

Vous .... sous le préau, car la cour .... occupée par les petits de la maternelle.

Je n'.................... pas assez de force pour soulever ce coffre ; il .... trop lourd.

3 Écris les verbes en gras au présent de l'indicatif en changeant les sujets.

rêver de voyages

Je ....

Tu ....

Clément ....

Nous ....

Mes grands-parents ....

observer les étoiles

J' ....

Tu ....

Nous ....

Vous ....

Les astronomes ....

4 Complète ces phrases en écrivant les verbes en italique au présent de l'indicatif.

vider   Tu .... ton sac de sport à la recherche de tes chaussons de danse.

pousser   Nous .... la voiture, car elle refuse de démarrer.

marcher   Si vous .... aussi lentement, vous n'arriverez pas à l'heure.

conserver   M. Brochard .... ses légumes au réfrigérateur.

5 Complète ces verbes du 1ᵉʳ groupe écrits au présent de l'indicatif.

Nous re........................... le deuxième épisode de notre feuilleton.

Tu sa........................... du haut du tremplin dans le grand bassin ; quel courage !

Il me ma........................... un mot de sept lettres pour terminer la grille de mots fléchés.

J'éc........................... toujours les conseils que me do........................... mes amis.

La boule ro........................... droit sur les quilles et les re........................... toutes.

Dictée préparée (65 mots) : Une vie au service des autres

Les savants et les chercheurs sont des personnes extraordinaires. Ils consacrent leur vie pour **améliorer** celle des autres. Ils passent des jours, souvent des années, enfermés dans leur laboratoire pour faire avancer **la science**. **Quelquefois** ils trouvent, mais parfois leurs recherches restent **vaines**. Cependant, ils ne se découragent jamais et continuent **sans relâche**. Pour cela, ils méritent **le respect** de tous ; nous avons besoin d'eux.

51e Leçon

Le présent de l'indicatif : verbes des 2e et 3e groupes

1 Complète ces phrases avec les verbes suivants conjugués au présent de l'indicatif.

rabat – grandis – accomplissons – surprends

Nous .... notre travail avec le plus grand sérieux.

Pourquoi ....-tu plus vite que tes camarades ?

Je .... ma mère en lui offrant un bouquet de fleurs.

Pour ne pas être ébloui, Martial .... la visière de sa casquette.

2 Écris les verbes en gras au présent de l'indicatif en changeant les sujets.

descendre l'escalier

Je ....

Tu ....

Nous ....

Les ouvriers ....

finir sa toilette

Je ....

Andréa ....

Vous ....

Les chatons ....

3 Complète ces phrases en écrivant les verbes en italique au présent de l'indicatif.

fournir   Les pays du golfe Persique nous .... beaucoup de pétrole.

se servir   Nous .... du traitement de texte pour rédiger notre exposé.

apprendre   Anaïs et Julie .... à confectionner des colliers de perles.

vivre   En hiver, les Lapons .... dans des conditions difficiles.

4 Écris les verbes en gras au présent de l'indicatif en changeant les sujets.

réunir ses économies et **entreprendre** un grand voyage

La famille Michel ....

Vous ....

Nos voisins ....

5 Recopie ces phrases en remplaçant les verbes en gras par des verbes synonymes du 2e groupe.

Les chamois **sautent** de rocher en rocher.

....

Les douze coups de minuit **sonnent** au clocher du village.

....

Vous **freinez** en abordant la descente du col.

....

Dictée préparée (68 mots) : La prise de la Bastille

Le matin du 14 juillet 1789, les Parisiens se révoltent. Ils pillent **les Invalides**, s'emparent de canons et de fusils et marchent en chantant sur **la Bastille**, prison royale. Les défenseurs se blottissent derrière **le pont-levis** qui défend l'entrée de la forteresse. On entend les premiers coups de feu. À cinq heures, **la petite garnison** de la Bastille se rend. C'est un tournant **décisif** de l'histoire de France.

52e Leçon

Le présent de l'indicatif : verbes particuliers

1 Complète les phrases avec les verbes suivants conjugués au présent de l'indicatif.

lisez – fuient – convaincs – m'assieds

Les personnes sensibles .... les lieux trop bruyants.

Vous .... des bandes dessinées, mais aussi de petits romans historiques.

Tu .... ta sœur d'accepter un échange de jeux vidéo.

Je .... sur la banquette arrière du véhicule.

2 Écris les verbes en gras au présent de l'indicatif en changeant les sujets.

aller au-devant des ennuis

Je ....

Tu ....

Adrien ....

Vous ....

revenir sur sa décision

Tu ....

Nous ....

Vous ....

Les juges ....

3 Complète ces phrases en écrivant les verbes en italique au présent de l'indicatif.

croire   Nous ne .... plus aux histoires de fantômes et de sorciers.

revoir   Vous .... avec plaisir les photos de vos vacances.

écrire   J'........................... la date en haut de la page de mon cahier.

parvenir   Johanna .... à ses fins ; elle termine son puzzle.

4 Écris les verbes en gras au présent de l'indicatif en changeant les sujets.

Tu **sors** ton carnet de chèques car tu **veux** payer tes achats.

Nous ....

Mme Rouart ....

Vous ....

Les clients ....

5 Complète les phrases avec les verbes suivants que tu écriras au présent de l'indicatif.

s'instruire – apercevoir – craindre – dire

Nous .... des nids de cigogne, malheureusement vides !

Pourquoi ....-vous que ce livre ne vous intéresse pas ?

Je .... en consultant des encyclopédies.

Les techniciens .... que le lancement de la navette spatiale soit reporté.

Dictée préparée (66 mots) : La fête foraine

Tous les ans, **les forains** reviennent installer leurs manèges sur la place du quartier. Je les vois arriver avec plaisir. Je passe d'un manège à l'autre. J'atteins le sommet du grand huit ; je me perds dans le palais des glaces ; je disparais dans **le train fantôme** et je conduis **une auto tamponneuse**. Mais la fête s'achève et la longue caravane repart. À l'année prochaine !

53ᵉ Leçon
Le futur simple de l'indicatif : être, avoir et verbes des 1ᵉʳ et 2ᵉ groupes

1 Dans chaque colonne, encadre le seul verbe qui n'est pas conjugué au futur simple.

Nous trouverons la solution.

Vous chercherez la sortie.

Tu t'imaginais en prince charmant.

Lionel finira sa part de tarte.

Ils tourneront à droite.

Il s'allonge sur le lit.

L'enquêteur prouvera la vérité.

Les raisins mûriront bientôt.

2 Écris les verbes en gras au futur simple en changeant les sujets.

avoir une idée

J' ....

Vous ....

Les savants ....

être de bonne humeur

Tu..

Vania ....

Nous ....

3 Complète ces phrases en écrivant les verbes en italique au futur simple.

noircir   Vous .... les cases correspondant aux réponses exactes.

câliner   Maman .... son bébé pour qu'il s'endorme.

raccourcir   Je .... les manches de la chemise.

recommencer   Si par malheur ils chutent, les patineurs .... leur triple saut.

4 Recopie ces phrases en écrivant les verbes en gras à la personne correspondante du pluriel.

Tu **choisiras** de nouvelles chaussures de foot.

....

Elle **se dévouera** pour distribuer le matériel de peinture.

....

Je me **dégourdirai** les jambes en sautillant.

....

5 Recopie ces phrases en écrivant les verbes en gras au futur simple.

Comme le trajet est court, vous l'**effectuez** à pied.

....

L'utilisation de puissants engins **simplifie** le travail des terrassiers.

....

Je **secoue** la bouteille de jus de fruits avant de l'ouvrir.

....

Dictée préparée (66 mots) : Retour en France

Demain, je serai de retour. **Tout d'abord**, je me promènerai dans les rues de Paris. Je marcherai au long des grandes avenues et **je flânerai** devant les boutiques. Ensuite, je quitterai **ces lieux** pour me rendre dans **ma province** natale où je retrouverai mes amis. Nous parlerons longuement et ils me raconteront ce qu'ils ont fait en **mon absence**. Qu'il est agréable de rentrer au pays !

54e Leçon Le futur simple de l'indicatif : verbes du 3e groupe

1 Les verbes en gras sont conjugués au futur simple ; écris leur infinitif.

Il manque les dernières pages et vous ne **saurez** jamais la fin de l'histoire. ....

Comment **irons**-nous à la piscine ? à pied ou en vélo ? ....

Les sauveteurs **secourront** les naufragés du catamaran. ....

Tu **reverras** la nourrice qui te gardait après l'école maternelle. ....

2 Écris les verbes en gras au futur simple en changeant les sujets.

ne pas confondre les adresses

Je ....

Tu ....

Vous ....

Les facteurs ....

lire la question

Tu...

Tiffany ....

Nous ....

Vous ....

3 Complète ces phrases en écrivant les verbes en italique au futur simple.

apercevoir Avec des jumelles, tu .... l'île de Groix.

prévenir Nous vous .... en cas de changement de programme.

repeindre M. Pegon .... les murs de sa cuisine.

disparaître Des espèces d'animaux .... probablement de la surface de la Terre.

4 Recopie ce texte en changeant les sujets, sans modifier le temps.

Quand Elsa **aura** son permis de conduire, elle **se servira** de la voiture de ses parents, avec leur permission, bien sûr. Elle **prendra** d'abord les petites routes de campagne et elle **fera** attention à l'entrée des villages. Elle tiendra sa droite et elle ne **mordra** surtout pas les lignes blanches.

Quand j' ....

....

....

....

Quand vous ....

....

....

....

Dictée préparée (67 mots) : Bulletin météorologique

Demain, la matinée sera fraîche avec des vents modérés. De légères brumes matinales disparaîtront vers le milieu de la journée. Dans le courant de l'après-midi, **une perturbation** atteindra l'ouest de la région. Le ciel se couvrira **progressivement** et les averses feront **leur apparition**. On notera alors une baisse des températures. En fin de semaine, on pourra espérer une amélioration avec **quelques éclaircies** qui deviendront plus nombreuses dimanche.

55e Leçon

Le passé composé de l'indicatif

1 Relie la forme simple et la forme composée de chaque verbe.

Les témoins appellent les pompiers. •

Anita plie ses vêtements. •

J'ai un peu d'avance. •

Vous saisissez la perche. •

• J'ai eu de la chance.

• Les témoins ont appelé les secours.

• Vous avez saisi la bouée.

• Anita a plié son linge.

2 Écris les verbes en gras au passé composé en changeant les sujets.

ne pas répondre

Je ....

Tu ....

Nous ....

Les candidats ....

partir se promener

Je ....

Carla ....

Nous ....

Vous ....

3 Complète ces phrases en écrivant les verbes en italique au passé composé.

écrire   Jean de La Fontaine .... de nombreuses fables.

déguster   Nous .... une excellente pâtisserie aux amandes.

sortir   Vous .... sous une pluie torrentielle.

apercevoir   À travers les nuages, j'................................... les sommets de l'Oisans.

4 Écris les verbes en gras au passé composé en changeant les sujets.

Daniel Pennac **a rédigé** un roman qui **a eu** beaucoup de succès.

Tu .... des poèmes ....

Vous .... un conte ....

Renaud .... des chansons ....

5 Recopie ce texte en écrivant les verbes en gras au passé composé.

Aujourd'hui, nous **allons** au musée de la Préhistoire. Le conservateur nous **présente** les objets exposés dans les vitrines et nous **donne** des explications sur la vie des hommes à cette époque. Nous **prenons** des notes afin de faire un exposé. Notre professeur **est** content de nous, car nous **sommes** très attentifs.

Hier, ...

....

....

....

Dictée préparée (69 mots) : En classe de découverte

Fin mai, toute la classe est allée découvrir **le Pays basque**. Grâce à ce séjour, nous avons beaucoup appris sur cette belle région française. Nous avons pratiqué la pelote basque sur le fronton du village ; nous nous sommes rendus chez un berger pour observer la fabrication du fromage. **Un vieil habitant** a expliqué comment on chassait autrefois **la palombe** dans **les cols pyrénéens**. Ce furent deux semaines bien remplies.

56ᵉ Leçon
L'imparfait de l'indicatif : être, avoir et verbes du 1ᵉʳ groupe

1 Complète les phrases avec les verbes suivants conjugués à l'imparfait de l'indicatif.

attirait – demeurions – savourais – décorais

Tu .... ta chambre avec des posters de chanteurs.

Je .... les petits desserts de ma grand-mère.

Nous .... silencieux pendant les séances de relaxation.

Le jongleur des rues .... les spectateurs en rattrapant plusieurs balles.

2 Écris les verbes en gras à l'imparfait de l'indicatif en changeant les sujets.

avoir un cartable neuf	**être** avec ses camarades
J'...........................	J'...........................
Tu	Tu ....
Nous	Arnaud ....
Vous	Nous ....
Ces élèves	Vous ....

3 Complète ces phrases en écrivant les verbes en italique à l'imparfait de l'indicatif.

se baigner   En vacances à Annecy, nous .... dans le lac.

habiter   Cet étrange personnage .... une maison délabrée.

adorer   Les Égyptiens .... le dieu Soleil.

téléphoner   Pourquoi ....-vous tous les jours à vos cousins ?

4 Écris les verbes en gras à l'imparfait de l'indicatif en changeant les sujets.

Les questions **étaient** si compliquées que tu **restais** muet.

Le problème .... que Sylvain ....

L'énigme .... que vous ....

Les exercices .... que les élèves ....

5 Complète ces phrases en écrivant les verbes en italique à l'imparfait de l'indicatif.

menacer   Ce vieux pont .... à tout moment de s'écrouler.

grimacer   Tu .... chaque fois que tu avalais ce médicament.

rédiger   Vous .... les résumés des leçons d'histoire.

dénoncer   Au XIXᵉ siècle, des hommes courageux .... l'esclavage.

effacer   Le vent .... les traces des dromadaires sur le sable.

Dictée préparée (66 mots) : Un emploi de confiance

Depuis plusieurs années, Nadia était la secrétaire de madame Dumont. Elle triait les commandes, elle rédigeait les courriers et avait toujours la main sur le téléphone. Toutes ses journées étaient bien remplies. De plus, elle supportait les fréquents mouvements **d'humeur** de sa directrice. Alors, elle se contrôlait et évitait **les conflits**. L'une et l'autre, malgré **ces petits tracas**, s'appréciaient beaucoup et effectuaient leur travail **avec compétence**.

57ᵉ Leçon L'imparfait de l'indicatif : verbes des 2ᵉ et 3ᵉ groupes

1 Complète les phrases avec les verbes suivants conjugués à l'imparfait de l'indicatif.

assouplissait – réunissions – prévenait – engloutissais – revenais – accouriez – vivaient

Mes grands-parents .... dans une petite ville tout près de Rouen.

Le vannier .... les brins d'osier en les plongeant dans l'eau.

Lorsque tu .... de la piscine, tu .... ton goûter en un clin d'œil.

Nous nous .... à la bibliothèque pour préparer nos exposés.

Quand on vous .... à temps, vous ....

2 Complète ces phrases en écrivant les verbes en italique à l'imparfait de l'indicatif.

retenir Nous .... les conseils de nos parents.

craindre Les Gaulois .... que le ciel ne leur tombe sur la tête.

savoir Je ne .... pas que le puy de Dôme était un ancien volcan.

recevoir Vous .... chaque semaine un courriel de vos cousins du Portugal.

3 Recopiez ces phrases en écrivant les verbes en gras à l'imparfait de l'indicatif.

Ce chien **désobéit** parfois à son maître.

....

Les tags **enlaidissent** les murs des monuments de la ville.

....

Adeline **rougit** dès qu'on lui **fait** un compliment.

....

4 Recopie ce texte en écrivant les verbes en gras à l'imparfait de l'indicatif.

Les marins pêcheurs **sortent** du port bien avant l'aube. Dès qu'ils **sont** au large, ils **mettent** les filets à la mer et, après plusieurs heures de traîne, ils **peuvent** les relever. Ils **saisissent** alors les poissons à pleines mains, puis ils les **fendent** en deux et les **recouvrent** de glace. Ensuite, ils les **placent** dans des casiers qu'ils **descendent** dans les cales. Lorsqu'ils **reviennent** au port, ils **vendent** le tout aux mareyeurs.

....

....

....

....

....

....

Dictée préparée (65 mots) : Les tournois

Au **Moyen Âge**, les chevaliers se réunissaient très souvent pour disputer de grands tournois. Dans chaque château, on s'inscrivait longtemps à l'avance et, le jour venu, on rejoignait le lieu de **l'affrontement**. Les chevaliers combattaient avec de lourdes armures, une lance et un bouclier. Le tournoi prenait fin quand un des cavaliers réussissait à renverser **son adversaire**. La reine remettait alors **une récompense** au vainqueur.

58ᵉ Leçon
Le passé simple de l'indicatif : être, avoir et verbes du 1ᵉʳ groupe

1 **Relie les groupes pour former des phrases.**

Tu •	• assistâmes •	• au centre de la cible.
Les toitures •	• versai •	• une modification du titre de l'histoire.
La flèche •	• proposâtes •	• du sucre et de la crème sur mes fraises.
Nous •	• se planta •	• le numéro de téléphone sur ton répertoire.
Je •	• enregistras •	• à la représentation d'une scène de *L'Avare*.
Vous •	• cédèrent •	• sous l'épaisse couche de neige.

2 **Écris les verbes en gras au passé simple en changeant les sujets.**

avoir une grande joie

J'...

Tu ....

Vous ....

Mes frères ....

être déçu par le film

Tu ....

Louisa ....

Nous ....

Vous ....

3 **Complète ces phrases avec les verbes** être **ou** avoir **conjugués au passé simple.**

Traverser le torrent en crue, ce ne .... pas une partie de plaisir.

Malgré le froid, nous .... le courage de sortir pour dégager la neige.

Hillary et Tensing .... les premiers à atteindre le sommet de l'Everest.

Galilée .... très tôt l'intuition que la Terre était ronde.

Au bord du plongeoir, je .... pris d'une peur qui me paralysa.

4 **Complète ces phrases en écrivant les verbes en italique au passé simple.**

planer   L'aigle .... longtemps au-dessus de sa proie.

changer   Les mécaniciens .... les roues de la Formule 1 en dix secondes.

exagérer Tu .... un peu la taille du poisson que tu avais pêché.

empocher Le gagnant du loto .... une grosse somme d'argent.

5 **Écris les verbes en gras au passé simple en changeant les sujets.**

Nous **attrapâmes** notre stylo et nous **rédigeâmes** quelques lignes.

Hélène ....

Tu ....

Les journalistes ....

Dictée préparée (66 mots) : L'angine

Subitement, Roxane eut une poussée de fièvre. Elle quitta la table et regagna sa chambre pour se reposer. Maman appela le médecin qui arriva aussitôt. Il rassura les parents. **Il diagnostiqua** une simple angine. Roxane fut **dispensée** de cours pendant cinq jours **durant lesquels** elle avala **de nombreuses cuillérées** de sirop. Ses camarades lui apportèrent les devoirs de la semaine. Ce ne fut pas trop pénible.

59ᵉ
Leçon

Le passé simple de l'indicatif : verbes des 2ᵉ et 3ᵉ groupes

1 **Écris les verbes aux temps de l'indicatif demandés.**

	Présent	Imparfait	Futur simple	Passé simple
revenir	je	je	je	je ....
descendre	tu	tu	tu	tu ....
sourire	ils	ils	ils	ils ....
grandir	elle	elle	elle	elle ....

2 **Recopie ces phrases en mettant les verbes en gras au passé simple.**

Lors de la floraison printanière, le champ de colza **jaunira**.

....

Les ouvriers de l'usine **enfouissent** profondément les déchets.

....

Comme prévu, le vainqueur **a reçu** une médaille d'or.

....

3 **Complète ces phrases en écrivant les verbes en italique au passé simple de l'indicatif.**

recoudre   Le chirurgien .... la plaie sans trembler.

aplatir   J'...................... la pâte avec un rouleau à pâtisserie pour préparer la tarte.

connaître   Les coureurs .... des difficultés pour effectuer les derniers kilomètres.

embellir   Tu .... ton balcon avec des géraniums et des pétunias.

4 **Complète les phrases avec ces verbes que tu écriras au passé simple.**

retenir – soutenir – entretenir – obtenir

Je .... facilement les vers de la fable *Le Corbeau et le Renard*.

Contre toute évidence, Victor .... que ce parcours était le plus court.

Tu .... ton vélo en graissant la chaîne et les pédales.

Avec la guerre de Sécession, les esclaves américains .... leur liberté.

5 **Écris les verbes en gras au passé simple en changeant les sujets.**

peser les lettres et les **affranchir** avant de les poster

Les secrétaires ....

Tu ....

Tony ....

Dictée préparée (69 mots) : Au marché

D'habitude, Virginie accompagnait sa mère au marché. Cependant, samedi, sa maman étant **souffrante**, elle dut y aller avec son père. Avant de partir, sa maman leur remit une liste et leur recommanda de ne rien oublier. Virginie et son père parcoururent toutes **les allées** ; ils retinrent **les marchands** qui présentaient les produits les plus frais et les moins chers. Au retour, ils prirent soin d'acheter un bouquet de fleurs.

60ᵉ Leçon
Le présent du conditionnel

1 **Relie ces propositions pour former des phrases correctes.**

Si tu te laissais pousser les cheveux, •   • les candidates obtiendraient leur diplôme.

Si l'électricité revenait, •   • je poserais devant les photographes.

Si j'étais célèbre, •   • tu pourrais te faire des nattes.

Si elles répondaient correctement, •   • la bougie deviendrait inutile.

2 **Écris les verbes en gras au présent du conditionnel en changeant les sujets.**

souhaiter jouer du piano   **boire** une limonade

Tu...   Je ....

Arthur ....   Juliette ....

Nous ....   Nous ....

Vous ....   Les coureurs ....

3 **Complète ces phrases en mettant les verbes en italique au présent du conditionnel.**

être   Si tu organisais une fête, tous tes amis .... présents.

visiter   Si j'allais à New York, je .... la statue de la Liberté.

parcourir   Si Mégane avait un cheval, elle .... la campagne au petit trot.

aller   Si vous viviez en Alsace, vous .... souvent en Allemagne.

4 **Recopie ces phrases en changeant les sujets, mais en conservant les temps.**

Si tu **devenais** riche, Loïc te **solliciterait** pour que tu l'aides.

Si je .... , mes amis ....

Si cet homme .... , vous ....

Si mes voisins .... , je ....

5 **Écris le verbe en italique à l'imparfait de l'indicatif et accorde celui en gras comme il convient.**

Si tu *trouves* la solution du problème, tu **m'enverras** aussitôt un SMS.

....

Si le directeur *demande* à mes parents de venir à une réunion, ils **accepteront**.

....

Si ce film *sort* la semaine prochaine, j'**irai** le voir.

....

Dictée préparée (67 mots) : Un changement de vie

Si ma mère trouvait un emploi en province, mes parents quitteraient **la région parisienne.** Nous laisserions **notre appartement** pour habiter un joli pavillon entouré d'un jardin. Je ne prendrais plus le métro pour faire les courses, mais j'irais à pied à travers les petites rues calmes. Cela changerait nos habitudes et nous pourrions **flâner** dans **la campagne environnante.** Vous viendriez nous voir pendant les vacances.

61e Leçon — Le présent du subjonctif

1 **Complète les phrases avec les verbes suivants conjugués au présent du subjonctif.**

fasse – abatte – apprennes – consultes

Il est vraiment dommage que le bûcheron .... cet arbre centenaire.

Il est urgent que tu .... à nager, si tu veux faire du canoë.

Le professeur veut que je .... un exposé sur les batraciens.

Il serait bon que nous .... le dictionnaire pour corriger nos fautes.

2 **Écris les verbes entre parenthèses aux temps demandés.**

	Présent de l'indicatif	Présent du subjonctif
se préparer	Nous	Il faut que nous ....
sourire	Tu	Il faut que tu ....
sortir	Elle	Il faut qu'elle ....
se réunir	Ils	Il faut qu'ils ....

3 **Transforme ces phrases comme dans l'exemple.**

*Nous nous **reposons** un moment.* → *Il faut que nous nous reposions un moment.*

Tu ne **perds** pas tes boutons. → ....

Vous **réagissez** rapidement. → ....

Je **réponds** à la question. → ....

4 **Complète ces phrases en écrivant les verbes en italique au présent du subjonctif.**

fondre   Il se peut que la neige .... au soleil.

défendre   Il est naturel que tu .... ton opinion devant toute la classe.

détruire   Les pompiers craignent que le feu .... le hangar.

savoir   Pierre regrette que Grégory ne .... pas déchiffrer la partition musicale.

5 **Recopie les phrases en les modifiant comme dans l'exemple.**

*Tu constates que je **choisis** un plat de légumes plutôt que des frites.*

*Il serait préférable que je **choisisse** un plat de légumes plutôt que des frites.*

Tu nous dis que les poules **ont** des dents.

Il serait étonnant ....

Il est évident que Paméla **lit** de mieux en mieux.

Il est nécessaire ....

Dictée préparée (68 mots) : Le tennis

Je veux bien te **prêter** ma raquette **à condition** que tu en prennes soin. Tu pourras jouer jusqu'à ce que nous arrivions. Il **est nécessaire** que tu saches te placer et que tu suives les conseils du moniteur. **Il se peut** qu'au début, tu ne réussisses pas tes services, mais il ne faut pas que tu te décourages. Pour que tu fasses **des progrès**, tu dois jouer souvent.

62e Leçon

Le présent de l'impératif

1 Souligne les verbes de ces phrases et classe-les selon le temps.

Réfléchis un peu.

Préparons-nous à partir.

Vous utilisez des ciseaux.

Aimes-tu les kiwis ?

Nettoyons la salle de classe.

Assieds-toi sur le banc.

Présent de l'indicatif	Présent de l'impératif
....	....
....	....

2 Les verbes en gras sont au présent de l'indicatif. Écris-les au présent de l'impératif.

*Vous **recomptez** les opérations.* → *Recomptez les opérations.*

Tu **brosses** régulièrement tes dents. → ....

Nous **avons** du respect pour les plantes. → ....

Vous **mangez** sans regarder la télévision. → ....

Tu **attends** l'arrivée de la course. → ....

3 Complète ces phrases en écrivant les verbes en italique au présent de l'impératif. Observe bien les phrases pour trouver les personnes.

écouter .... les consignes que te donne le professeur.

se servir Votre assiette est vide ; .... sans plus tarder.

allumer Si tu n'y vois plus rien, ... la lampe.

savoir .... garder notre calme en toutes circonstances.

4 Complète avec les verbes en italique à la 2e personne du singulier de l'impératif.

changer Ton tee-shirt est déchiré : change-le !

éteindre La lumière est encore allumée : ....

fermer La fenêtre est ouverte : ....

applaudir Le chanteur a terminé son récital : ....

arroser Les plantes sont sèches : ....

5 Écris les verbes en gras aux trois personnes de l'impératif.

se coucher et **lire** un peu avant de s'endormir

....

....

....

Dictée préparée (66 mots) : Le pilote de rallye

Avant le départ de la dernière étape, le directeur de l'équipe lui donne les derniers conseils :
« Sois **en permanence** attentif, écoute **les indications** du navigateur qui t'accompagne, ralentis dans les virages en épingle à cheveux, ménage la boîte de vitesses, évite les quelques trous de la piste, surveille **les bas-côtés** à cause des spectateurs **inconscients**, et surtout aie une totale confiance en toi. Tout ira bien. »

Achevé d'imprimer en France par Dupli-Print à Domont (95) — Dépôt légal : février 2020 - Collection n° 14 - Édition 17 - N° d'impression : 2020012620 — 11/7420/0